总主编：宋建晓　黄志源

主　编：方宝璋　曾　伟

编　委（以姓氏笔画为序）：

马桂萍　王福梅　方宝璋

帅志强　吉　峰　许元振

宋建晓　张宁宁　陈培涵

林孟蓉　林赛君　黄　劲

黄志源　曾　伟

本册撰著者：陈培涵　马桂萍

缪海林　王惠卿

周岚峰　方圣华

总主编：宋建晓 黄志源
主　编：方宝璋 曾　伟

陈培涵
马桂萍 等 ◇ 著

"福"文化概论

闽台"福"文化研究

海峡出版发行集团
鹭江出版社
2023年·厦门

图书在版编目（CIP）数据

"福"文化概论 / 陈培涵等著；宋建晓，黄志源总主编；方宝璋，曾伟主编. -- 厦门：鹭江出版社，2023.12

（闽台"福"文化研究）

ISBN 978-7-5459-2209-7

Ⅰ.①福… Ⅱ.①陈… ②宋… ③黄… ④方… ⑤曾… Ⅲ.①地方文化－概论－福建 Ⅳ.①G127.57

中国国家版本馆CIP数据核字（2023）第195324号

"闽台'福'文化研究"丛书

"FU"WENHUA GAILUN

"福"文化概论

宋建晓　黄志源　总主编

方宝璋　曾　伟　主编

陈培涵　等著

出版发行：	鹭江出版社		
地　　址：	厦门市湖明路22号	邮政编码：	361004
印　　刷：	福建新华联合印务集团有限公司		
地　　址：	福州市晋安区福兴大道42号	联系电话：	0591-88208488
开　　本：	700mm×1000mm　1/16		
插　　页：	4		
印　　张：	11.25		
字　　数：	152千字		
版　　次：	2023年12月第1版　2023年12月第1次印刷		
书　　号：	ISBN 978-7-5459-2209-7		
定　　价：	50.00元		

如发现印装质量问题，请寄承印厂调换。

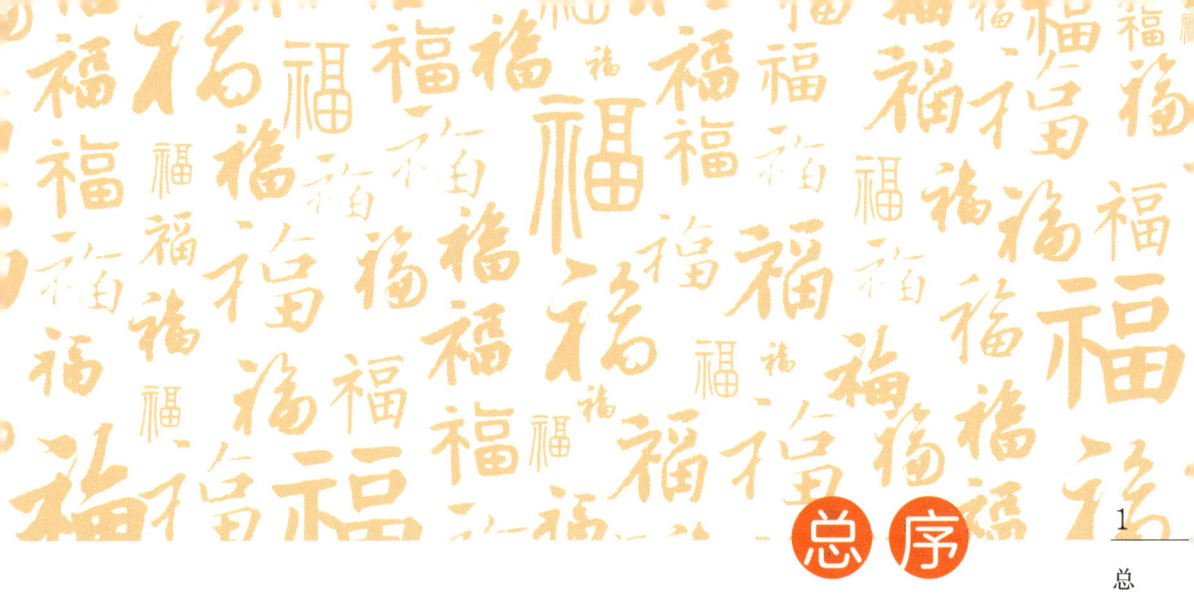

总序

　　学术界有关文化研究的成果可谓汗牛充栋，其对文化的内涵与外延的理解也不尽相同，据不完全统计，达成百上千种观点。据我目前的认知，文化大致可分为物态文化、行为文化、制度文化、心态文化四个层次，闽台民俗中的"福"文化大致也可以分为这四个层次。闽台民俗主要包括食衣住行习俗，岁时年节节俗，婚育、丧葬、交往礼俗，宗教、民间信俗等四个方面。总体说来，食衣住行习俗、岁时年节节俗"福"文化中蕴含着较多的物态文化和行为文化的内容，而婚育、丧葬、交往礼俗"福"文化中蕴含着较多的制度文化的内容，宗教、民间信俗"福"文化中蕴含着较多的心态文化的内容。除此之外，闽台工艺美术和民间音乐基本上属于俗文化的范畴，其大多蕴含着物态文化和行为文化的内容，当然，当代学术界对其发掘分析，其中自然也蕴含有制度文化与心态文化的内涵。

　　中华文化源远流长，已经有五千多年的历史，而且底蕴深厚，丰富多彩。"福"文化孕育于其中，自然也是根深蒂固，枝繁叶茂。先秦时期，儒家的经典《诗经》就已经记载了先民对美好幸福生活的向往和追求。如在《楚茨》《信南山》《甫田》《螽斯》《文王》等篇中，就有先民"报以介福，万寿无疆"，对追求长寿之福的祈愿；也有"螽斯羽，诜诜兮。宜尔子孙，振振兮"，对多子多福的祝福；

还有"永言配命，自求多福"以及孔子"不义而富且贵，于我如浮云"（《论语·述而》）中对追求幸福进行哲学意义上的思考和选择。

以黄河中下游为中心的华夏文化是古代东亚最先进的文化，其随着与周边地区的不断交往而传播开来。魏晋南北朝时期，由于中原地区不断战乱，人们被迫南迁，其中西晋永嘉年间"八姓入闽"，大批中原衣冠士族进入福建。尔后，在唐末五代和两宋时期，北方仍然战乱不已，许多北方汉人源源不断迁徙入闽。移民的迁徙过程，其实也是一种重要的文化传播途径。大量的北方汉人带着黄河流域的农耕民俗文化入闽，与当地的越族海洋民俗文化碰撞融合，最终在两宋时期形成了以农耕民俗文化为主、海洋民俗文化为辅的海滨民俗文化，其中也包含了福建民俗中的"福"文化。明清时期，福建地少人多，大量民众为了谋生，移居台湾。据多次统计，近代台湾人中，有80%左右为福建籍的移民。这些人到台湾后，仍然讲家乡的方言，沿袭家乡的生活习惯，祭拜家乡的神祇，传唱家乡的戏剧，不言而喻，在整个台湾，福建的民俗居于主体地位。福建与台湾成为同一民俗文化区，是中华传统文化一体多元中的"一元"。换言之，闽台民俗中的"福"文化源于中华传统文化，是中华传统文化的一个分支。

闽台民俗中的"福"文化源远流长，丰富深厚，不是三言两语就能道清楚说明白的。简言之，文化不是静态的，而是随着时代的变化不断发展的，不同历史时代有不同的文化，"福"文化也是如此。本系列著作主要探讨闽台地区流传至近现代传统民俗中的"福"文化。从广义上说，"福"文化就是人们对美好幸福生活的追求，如在食衣住行习俗中追求丰衣足食、安居乐业之福，在岁时年节节俗中遵循顺应自然、感恩奉献之福，在婚姻、生育、丧葬、交往礼俗中体现尊礼重情、安康和谐之福，在宗教、民间信俗中崇奉立德为本、大爱行善之福。从"福"文化角度来说，追求幸福贯穿着每个人的一生。当一个小生命呱呱落地，人们就为他（她）祈福、求福，当他（她）长大成人、成家立业之后，就意味着福至、享福。但是人的一生不可能是一帆风顺的，往往祸福相倚，所以应该懂得惜福，学会趋福避祸。从儒家推己及人的价值观来看，一个人、一家人幸福是不够的，应该"老吾老以及人之老，幼吾幼以及人之幼"（《孟子·梁惠王上》），自己幸福了，还要为广大民众、社会谋福、造福，甚至自己离开这个世界后，还要为后人荫福。闽台的"福"文化还蕴含着一种大度豁达的人生态度，如吃亏是福，在经商中吃了亏，算不了什么，不必太认真计较。因为如果你不计较，大家了解到你的大度、厚道，以后就会有更多的人愿意与你做生意，你的生意就会越做越大，最终发财致富。这不就是吃亏是福吗？又如闽台民间宣扬"积善之家，必有余庆"，"积德之家，福泽后人"，就是劝谕世人积德行善，你的子孙也将因此而获得福报。

自1978年党的十一届三中全会以来，我国实行改革开放政策，社会经济得到快速发展，取得令世人惊叹的巨大成就，成为世界第二大经济体，广大人民生活水平不断提高。党和国家还广泛深入地对广大农村开展精准扶贫工作，至2020年，全国农村已经达到百分之百脱贫，扶贫工作取得举世瞩目的成就。全国绝大多数民众进入了小康社会，过上了幸福的生活。但是，令人遗憾的是，人们的幸福感并没有与物质生活水平的提高成正比，前者远落后于后者。一个人的幸福生活，应包含物质生活水平和精神上幸福感的共同提升。党的十八大提出，全党应把为人民谋福祉作为全面深化改革的出发点和落脚点，因此，建设当代中华"福"文化，树立社会主义幸福观，提高人们的幸福感是一项具有重大理论价值和现实意义的工作。

习近平总书记指出，"要加强对中华优秀传统文化的挖掘和阐发，使中华民族最基本的文化基因与当代文化相适应、与现代社会相协调"。在党和国家把为人民谋福祉作为全面深化改革的出发点和落脚点的重大战略决策中，建设当代中华"福"文化和树立社会主义幸福观是相辅相成的。当代的中华"福"文化是海峡两岸的中国人，甚至是全球的华侨华人都能认同的"福"文化，是中华民族

共同的文化标识，是团结协作的纽带，在和平统一祖国和"一带一路"倡议促进民心相通中，发挥其应有的作用。社会主义的幸福观则是更高一个层面，即应蕴含在社会主义核心价值观之中，成为中华民族之魂、立国之本，成为党和国家实现中华民族伟大复兴、追求全国人民幸福生活的巨大动力。总之，无论是建设当代的中华"福"文化还是树立社会主义的幸福观，继承中华传统优秀的"福"文化，并将其进行创新性的发展、创造性的转化都是很有必要的。例如目前中国人民之所以物质生活水平有了很大的提高而幸福感没有得到相应的提高，一个重要的原因是缺乏一个正确的幸福观，即对幸福的主观预期与现实客观的生活有较大的落差。这是矛盾辩证的两个方面：一方面人类必须不断有更高的更多的幸福追求，才能促使人们更加努力地工作学习，去发明创新，创造出更多的物质财富和精神财富；另一方面人类也必须知足常乐，应满足于当下丰衣足食、安居乐业，尊礼重情、安康和谐的幸福生活，不要过分追求物质生活的享受，应有顺应自然、感恩奉献、立德为本、大爱行善的精神超脱。本系列著作如能给广大读者提供诸如此类的启迪，那就足以使作者欣慰了。

本人长期从事中国古代审计史和管理思想史的研究，也曾参与闽台文化、民俗的研究，但对近年兴起的"福"文化研究知之甚少。福建江夏学院党委书记宋建晓教授在莆田学院任职期间组织、指导学校中青年教师编写"闽台'福'文化研究"丛书，我有幸受宋书记的嘱托，协助他工作，学习到一些有关闽台民俗中"福"文化的知识。在本系列著作开始陆续出版之际，又接受了作序的任务，只好勉为其难，谈一些粗浅的认识，敬请大家批评指正。

是为序。

方宝璋
2022 年 9 月 3 日

目录

第一章 "福"文化内涵诠释 /1

第一节 源自中华传统福文化 /2
一、契合中华传统福文化要义 /2
二、秉持中华传统福文化意理 /5
三、彰显中华传统福文化文脉 /8

第二节 凝结革命文化 /10
一、展现革命理想 /10
二、印记革命伟业 /14
三、蕴含革命精神 /17

第三节 彰显福建特色文化 /19
一、反映"福"俗 /20
二、凸显"福"态 /22
三、折射"福"韵 /25

第四节 反映社会主义现代化强国建设福建篇章的精神力量 /28
一、具有社会主义文化属性 /29
二、凝结福建经济社会发展文明成果的精神力量 /34

第二章 "福"文化蕴含的主要内容 /36

第一节 内含福惠民众的文化旨意 /37
一、为人民谋幸福的价值取向 /37

二、创造民生幸福的精神力量　/ 39
三、享有民生幸福的价值准则　/ 41
第二节　容蓄福建特色文化　/ 44
一、容蓄福建特色民俗文化　/ 44
二、容蓄福建特色海丝文化　/ 47
三、容蓄福建特色艺术文化　/ 50
第三节　展现中国特色社会主义文化　/ 52
一、呈现中国特色社会主义文化鲜明品格　/ 52
二、体现中国特色社会主义文化前进方向　/ 53
三、推进中国特色社会主义文化建设实践　/ 55

第三章　"福"文化的多重样态　/ 59

第一节　"福"文化资源样态　/ 59
一、"福"文化遗产　/ 59
二、"福"文化产业　/ 66
三、"福"文化标识　/ 75
第二节　"福"文化实践样态　/ 79
一、"福"文化主题旅游　/ 80
二、"福"文化民俗活动　/ 86
三、"福"文化的传播　/ 95

第四章　"福"文化的主要特征　/ 102

第一节　体现"福"的意涵文理　/ 102
一、融入中华传统"福"的意涵元素　/ 102
二、诠释闽台"福"的意涵特色　/ 104
三、凸显为人民谋幸福的初心　/ 108
第二节　凸显地域性　/ 112
一、实践主体的地域性　/ 112
二、发展载体的地域性　/ 117
三、价值功能的地域性　/ 119

第三节 彰显人民性 / 121
    一、反映人民群众的生活实践 / 121
    二、主体与客体的人民性 / 124

第五章 发展"福"文化的主要思路 / 127
第一节 坚持"福"文化发展的正确方向 / 128
    一、注重"福"文化意识形态属性 / 128
    二、统筹"福"文化的社会价值 / 131
    三、促进"福"文化事业及产业共同发展 / 134
    四、推进"福"文化的闽台交流合作 / 139
第二节 多维度推进"福"文化发展 / 143
    一、打造"福"文化发展的多样化载体 / 144
    二、形成"福"文化发展的新业态 / 147
    三、促进"福"文化历史资源的创造性转化
       和创新性发展 / 150
    四、加快"福"文化标识的生成 / 154
第三节 优化"福"文化发展的制度安排和机制 / 157
    一、优化"福"文化发展政策 / 158
    二、优化"福"文化发展机制 / 161

结语 / 166

主要参考文献 / 168

"福"文化内涵诠释

第一章

人类社会的发展史既是一部物质文明发展史，又是一部精神文明发展史。从广义上说，文化是人类创造的一切文明的总和，而从狭义上讲，文化则是人类所创造的精神文明，集中体现为思想文化上的理论、法律、道德、哲学、宗教、艺术、民俗等多个方面。从经济、政治和文化关系的维度来说，文化是一定社会经济、政治的反映，是历史的，又是具体的。伴随历史行进的车轮，中华民族创造了辉煌的中华文化，凝聚为中国精神，成为新时代中华民族走进世界舞台中央，实现中华民族伟大复兴的精神力量。内容广博的中华文化中闪烁着与中华民族共生、共存、共发展的耀眼的福文化。"福"文化源自中华传统福文化，结合了新时代的意蕴，是中华传统文化的现代转型。"福"文化具有狭义和广义之分，狭义的"福"文化是凸显福意文理的现代意义上的民俗文化。广义的"福"文化，虽然仍具有民俗文化的特色，但其不是历史视野中的中华传统福文化，也不是地域视角上的福建文化、闽台民俗文化，而是植根于中华传统福文化之中、凸显福意文理内涵、凝结革命文化、彰显福建地方特色、反映社会主义现代化强国建设福建篇章，具有社会主义文化性质的精神力量和文明成果。本书主要探究的是广义上的"福"文化。

第一节　源自中华传统福文化

作为民俗文化，"福"文化可称之为中国福文化或中华福文化，是中华民族在几千年文明进程中形成和发展的与福意文理内涵相关的价值观、生活观念、民风习俗。"福"文化极大地影响着中华民族的文明进程，深度地渗透于民众的生产生活之中，成为民族团结、民族进取、民族发展的精神纽带。福意文理深厚，仅从词源学的角度看，"福"为形声字，表示人腹之满的意思，释明家富则福的含义，同时福与祸相对，还指和顺、幸运。从中华传统文化的角度看，"福"文化侧重于"五福六吉祥"，体现为祈福、造福、纳福、惜福、享福、祝福、摸福等文化现象。在新时代，"福"文化不离中华传统文化意义上的福意文理，承继中华传统福文化意理，是人们追求和创造幸福生活，促进经济社会发展的精神纽带和力量。

一、契合中华传统福文化要义

"福"文化凸显语言文字——福。而语言文字是人们在生产生活实践中创造出来的，表达人们观念、情绪和愿望的符号，其本身属于文化范畴。"语言的内容，不用说，是和文化有密切关系的。"① "语言也不脱离文化而存在，就是说，不脱离社会流传下来的、决定我们生活面貌的风俗和信仰的总体。"② 从这个意义上说，"福"文化包含"福"字的文理内涵，并与体现福意文理的中华传统福文化要义相契合。可以说，"福"文化真切体现了中华民族在几千年的文明发展史上对福的认知、体悟和观照，与中华传统福文

---

① ［美］爱德华·萨丕尔：《语言论——言语研究导论》，陆卓元译，商务印书馆，2009年，第201页。

② 《语言论——言语研究导论》，第191页。

化之要义相契合。同时，中华福以其多彩的形式、深邃的内涵展现中华文化，"福"文化是中华文化中的一道绚丽彩虹。"福"文化契合中华传统福文化要义，由此应首论中华传统福文化之要义。追问"福"的字义文理内涵。"福"既是一文字，也是一佳句，是由"示"和"畐"组成的象形字和会意字。《古汉语常用字字典》中对福有两个释义："幸福，与'祸'相对。……祭过神的酒肉"①。《康熙字典》中对"福"字有多个释义："福古文富……祐也休也，善也祥也"，"福富也"。② "福的本义是祭祀时的供品，这是福的最初含义和原生义。"③ 中华传统福文化内涵丰富、旨意深刻、表现形式多样，随历史的行进而不断演进，但其始终不离表征美好吉祥、人生幸福的要义。"福"文化结合新时代同样表征美好吉祥、人生幸福的要义。

第一，表征美好吉祥，是中华福文化的要义所在。人生活在天地间，始终伴有目标追求，上下几千年，中华儿女始终向往着美好吉祥。首先，凡集合并反映一切美好吉祥的事物、境况，则体现中国传统福文化要义。在几千年的历史长河中，中华民族在中华大地上繁衍生息，中华民族是勤劳的民族、勇敢的民族、智慧的民族，其不懈的努力和追求可抽象概括为美好吉祥，浓缩为一字则为"福"。福表征着美好与吉祥，一切的美好和吉祥都可以概括为"福"。进一步说，福是人们在生产生活中形成的种种美好吉祥观念的抽象概括，是种种美好吉祥观念、境况的集中表达。美好之福抑或吉祥之福是具体的、现实的、多维的，也是对未来的预测。在人

---

① 王力，等：《古汉语常用字字典》第 4 版，商务印书馆，2005 年，第 112 页。

② 〔清〕张玉书，等编：《康熙字典》，上海书店出版社，1985 年，第 937 页。

③ 殷伟、殷裴然编著：《中国福文化》，云南人民出版社，2005 年，第 2 页。

与自然之间,所谓风调雨顺、丰收在望、环境怡人,是美好、吉祥的,此为福。在人与人之间,所谓亲友相助、邻里和合、夫妻和睦、子孝父慈,是美好、吉祥的,是为福。在社会之中,所谓邦有道、人行有依规、老幼有所养、物能供人需、衣食无所忧、社会和谐有序等等,是美好、吉祥的,亦为福。无论历史的脚步行至何时,社会生产生活有何变化,福的要义都可以诠释为个人、家庭、社会、国家等多层面的美好吉祥,美好吉祥的福意已浸润到中华民族的血脉中,深深影响中华民族的过去、今天和未来。

其次,契合新时代,"福"文化内含美好吉祥之福意,与中华传统福文化之要义一致。虽然"福"文化富有现代意义和地域特色,但其融聚了中国传统福文化中的美好吉祥之福意。一方面,"福"文化内含且反映着传统意义上美好吉祥之福意,体现在观念、民俗、艺术、语言上,传统意义上美好吉祥的福意延续至今,如,倒贴"福"字、贴春联、挂门笺、中国结、中国红、择吉祈福经久依然。另一方面,"福"文化富有现代意义和地域特色,反映福建在社会主义现代化强国建设中的实践,展现蒸蒸日上、充满活力、社会和谐、民生幸福、未来可期的福建新发展。

第二,追求人生的幸福,亦是中华传统福文化要义所在。首先,从传统文化的角度,"福"文化凸显福,以福为主线,以福为内核。所谓福相、福运、福态、福食、洪福、福德、福慧、福寿、五福、福字、福言、福兆、福佑、福门、幸福等等,所有一切对福的表达,都指向具体的人及其人生,表征着人们对幸福人生的追求。无论社会历经几度发展和变化,也无论中华传统福文化如何传承和演进,中国传统福文化始终反映着人们对人生幸福的愿景和追求。人生幸福始终是中国传统福文化要义。

其次,"福"文化是具体的现实的民生幸福在文化上的反映。"福"文化有多个向度,承继中华传统福文化的福意文理、反映具体的现实的民生幸福、指向有福之域福建等等。而民生幸福,是"福"文化的重要向度。一方面,"福"文化尚福,传递中华传统福文化中对长寿、平安、和顺、健康、好德、富贵等人生幸福的价值认同，同时这些有关人生幸福的价值认同与社会主义核心价值观的个人层面即爱国、敬业、诚信、友善相联结，爱国、敬业、诚信、友善是追求幸福人生的重要条件。另一方面，"福"文化所强调和彰显的是民生幸福，是个人的生活幸福，又是民众的幸福，是个人幸福感与民众幸福感的统一；是人们物质上的全面小康、生活殷实，又是人们健康的精神生活需要的满足；是民众之福，又是国家和社会之福。也就是说，"福"文化反映着社会主义现代化强国建设中福建的民众幸福、社会和谐与发展。

二、秉持中华传统福文化意理

"福"文化源自中华传统福文化，中华传统福文化的意理与其要义密切联系，共同展现中华传统福文化内涵和样态。中华传统福文化的意理即中华传统福文化所蕴含的道理、理性思维，中华传统福文化的要义反映的是中华传统福文化的实质性要点和要旨。在中华传统文化典籍中有着对福文化深刻阐释："一苦一乐相磨炼，炼极而成福者，其福始久。"[1] 意思是，在人生路上，经过艰难困苦的磨炼，磨炼到极致，就会获得幸福，这样的幸福才会长久。《诗经·大雅·文王》中提出了"自求多福"，意即幸福人生是具体的，是力行的结果。庄子提出，"平为福，有余为害者，物莫不然，而财其甚者也"[2]。"日出而作，日入而息，逍遥于天地之间，而心意自得。"[3] 中华传统福文化意理深邃：福，是基于客观现实基础上人们的美好愿景、目标追求。"福"文化彰显着"中华福"的辩证意理。

---

[1] 〔明〕洪应明：《菜根谭全鉴》，东篱子解译，中央编译出版社，2010年，第59页。

[2] 〔战国〕庄子：《庄子》，孙通海译，中华书局，2014年，第364页。

[3] 《庄子》，第334页。

第一,中华传统福文化蕴含深邃的意理,反映了中国人对福的辩证认知和体见。首先,福是抽象的,也是具体的。福是抽象的。一方面,在几千年的中华民族发展史上,中国人始终而普遍地保有福的观念,福荟萃一切美好吉祥,是对幸福美好生活的抽象和概括性表达。另一方面,福又是具体的,幸福的生活总是多彩绚丽的,体现在健康、长寿、平安、和顺、聪慧、有学识、多子多孙、富有,等等。福是具体的,因而福又是历史的、发展变化的、可延承的。正如《易传·文言传·坤文言》中所言,"积善之家,必有余庆"。所以,中华传统福文化强调福的辩证性意理:福是抽象的观念,是多彩的生活福;福是具体的、可变的、可延承的。

其次,福是人们期盼的美好目标和愿景,也是基于客观实际的美好境况和生活体验。古往今来,人们都追求幸福的生活,幸福是人们生活的目标和动力,幸福是指向未来的美好目标和愿景。同时,福又不仅仅指向未来,是可以触及的、可体验的、可享有的。之所以福是可以触及的、可体验的、可享有的,在于幸福以客观实际为基础,是人们在生产实践、社会实践中创造出的。所以,中华传统福文化强调福与目标的契合性和现实性的统一,福是美好的目标和愿景,同时也可在有限生命历程中体验和享有。

再次,福是有条件的,不自来,并非恒常,至臻。福与诸多因素联结,福是人们积极努力的结果。福字最早出现在甲骨文中,由"示"与"畐"构成,"示"为祭祀之器,"畐"为食物,意思是古人通过祭祀获得福佑。在中华传统福文化的长期演进中,祈福文化作为其重要内容,不断衍生和发展。可见,福不是自然存在的,福是人们基于客观实际所创造出来的,即所谓造福。从中华传统文化的角度看,福是珍贵的,不易得,只有条件具备了,福的目标和愿景才能变为现实,抑或说,条件具备则福生、福存,反之不然。达到福的目标的主要条件包括积极努力的生活实践和美德。积极努力的生活实践、美善的德行是获得和享有幸福的重要条件,或者说,没有在社会实践中的积极努力,缺少美善的德行,则难以聚福。由于福是有条件存在的,因而福不恒常,当福的条件丧失,福则失之。而当福失之时,则为祸所取代,福与祸相对,福祸相倚。同时,福不恒常,也体现了福是动态的、变化的,如享先人所造之福、为子孙造福、"积善之家必有余庆"等等,都体现了福的历史和代际传承、自福与他福的关联。所以,中华传统福文化强调福的有条件性和共享特色,福能够展现积极美善的人生,在社会发展中享有实践创造的成果。

简言之,中华传统福文化意理深邃,基于客观实际的福、观念的福、具体的福、辩证的福,其重点不仅在于享福,更在于积极的创造;不止于追求个人幸福,更强调自福、他福的关联等等。

第二,"福"文化秉持中华传统福文化意理,立足于当代中国现实,并对中华传统福文化予以创造性转化和创新性发展。一方面"福"文化秉持和蕴含着客观辩证深邃的中华传统的福意文理,另一方面"福"文化更凸显中华福的当代意蕴,体现中华福意文理的当代意义。首先,"福"文化标识着中华民族的美好追求和愿景,展现当代中国国运通达、蓬勃发展、人民幸福。"福"文化所彰显的"福"是美好的目标和愿景,又是多彩祥和的民生,反映中华民族伟大复兴和全面建成社会主义现代化强国征程上中国人的美好愿景和祥和生活。进而言之,"福"文化凝结着新时代实现民族振兴、国家富强、人民幸福的美好愿景,表征民生幸福、社会祥和、国运日上的生动现实。

"福"文化彰显以"福"为主线的人们的美好愿景,这个愿景是中国人民自进入近代以来的不懈追求,是国家富强、人民幸福,或者说是与国家强盛相偕行的人民幸福。中国人民的幸福与国家的命运相联系,是在中国共产党的领导下,把我国建设成为社会主义现代化强国、实现中华民族伟大复兴的过程,是中国人民实现美好生活目标和愿景的过程。所以,"福"文化所彰显的"福"之主线,是中华传统福之意理融入每一个国人、每一个家庭的幸福生活,更是国家的富强、民族的振兴。

其次,"福"文化秉持中华传统福文化意理,即福不自来,唯有努力追求方可获得,由此,"福"文化蕴含着中国共产党团结带领人民共同奋斗,追求国家富强、人民幸福的意义。目前,我国正处于建成社会主义现代化强国、实现中华民族伟大复兴的关键期,"福"文化蕴含且反映着在党的领导下,全国人民为建设美好家园、实现民生幸福的孜孜追求、生动实践,也蕴含和体现着国家富强、人民幸福是广大人民群众进取奋斗的结果。所以,从一定意义上说,"福"文化亦为建成社会主义现代化强国福建篇章、为福建民众向着中华民族伟大复兴努力提供精神动力和文化支持。

三、彰显中华传统福文化文脉

福,是中华文化中的重要元素,承载着中国文化的基因以及中国人的情感、愿景。

第一,中华传统福文化的源起及演进。中华传统福文化始于古人的祭祀活动。在古代,人们对天的概念和祖先的概念甚强,以至于有"天人合一"思想、追思深远的黄帝陵、孔庙等等。福字、福意最早出现在甲骨文中,以人双手捧着盛放酒、粮、水的器皿向神明和祖先献祭来表示福,可见福的最初意思是祭祀及所用物品。由于古人把祭祀天和祖先作为能够带来美好吉祥的重要活动,并把这种活动以文字形式表示为福,故而,福字的意理就逐步由最初的祭祀及所用物品向美好幸福生活的意理演变。一方面,福表达祈福、求福、福佑,即美好吉祥来自外在的力量:祖先、天、神明等等,对祖先、天、神明等的恭敬可带来幸福美好吉祥,如,《左传·庄公十年》中提出了"小信未孚,神弗福也"。另一方面,福表达人们物质生活和精神生活上的满足,即个人幸福和家庭生活幸福。从福意的缘起可知,中华传统福文化始终内含着追求幸福、创造幸福、享有幸福的意义。

同时,中华传统福文化的文脉不断演进拓展,对幸福生活做出更加具体的描述，东汉《说文解字》释义福为，"祐也。从示畐声"①。意思是：所有境遇顺其人也，为福。《韩非子》卷六中提出，寿、富、贵者为福。另一方面，个人良好的修养、美德也被纳入幸福人生的范畴，福与德被紧密关联起来，这样就把人们对社会道德规范的遵守上升至个人幸福的范畴，从而使中华传统福文化增添了道德伦理的内涵，使得"自福"与"他福"联结起来。同时，又把人生幸福的样态拓展至生命体的善好终结。这些论述主要体现在《尚书·洪范》中，该书把人之福概括为寿、富、康宁、好德、考终命，即五福。

中华福文化的文脉几经演进，在当代，福已是一切美好吉祥的象征、标识和观念，是美好个人生活、家庭生活和社会生活的抽象表达。

第二，中华传统福文化的创造性转化和创新性发展。首先，"福"文化彰显中华传统福文化中的观念目标维度。"福"文化凸显美好吉祥的愿景和目标，在经济社会生活的多方面所呈现出的"福"义和标识，都可化作人们的美好愿景和追求。从这个意义上说，"福"文化的象征意义较大，隐含人生、家庭、社会的一切美好吉祥的愿景和目标。

其次，"福"文化不离人们的生活，彰显现代社会具体的民生幸福。古之常言的"五福"主要指向个人生活幸福的几个方面，"福"文化所突出的"福"富有现代意义，主要指向人民的教育、就业、收入、医疗、养老、住房等物质层面的满足以及人们精神生活上的满足。

再次，"福"文化通过语言文学、民俗、艺术等形式表现出来。在几千年中华文明历史中，中国人创造出百余种"福"字，字形虽有变，义理文脉终相承。时至今日，表达福的成语热度不衰，如：

---

① 〔东汉〕许慎：《说文解字》，蔡梦麒校释，岳麓书社，2021年版，第3页。

福如东海、和气生福、福气多多、洪福齐天、福星高照、降尔遐福等等。新时代，围绕福的民俗形式依然丰富多样，富有特色，彰显福的字画、工艺品、生活用品也十分丰富。

"福"文化所突出的福，汇集为融聚国之富强、民之幸福的"中华福"。

第二节 凝结革命文化

"福"文化从承继中华传统福文化的积极内容中转化而来，具有历史继承性，且与新时代结合。按照马克思主义发展和联系的观点诠释"福"文化，则需关注其与革命文化的内在联系。革命文化是中国共产党领导人民在新民主主义革命实践中的伟大创造，又是在社会主义革命、社会主义建设和改革中发展的、以革命精神为主旨和价值取向的文化。革命文化还是中华优秀传统文化与中国革命伟大实践结合的结果，萃取中华优秀传统文化的精华，富有厚重的历史文化内涵。革命文化的实质是无产阶级文化，其理论基础是马克思主义。作为文化，"福"文化和革命文化各自的核心内核及侧重点有所不同，"福"文化凸显福意文理、民俗等特色，革命文化凸显革命理想信念、革命精神。同时，"福"文化和革命文化都坚持马克思主义的指导和中国共产党的领导，二者都从不同的侧面展现中国特色社会主义文化。

一、展现革命理想

理想作为精神现象、社会意识，属于文化范畴，因而革命理想是革命文化的重要内容。革命理想蕴含于革命文化之中，同时革命文化凝结着中国共产党和广大人民的远大理想和共同理想。"福"文化所凸显的福意文理，不仅是个人幸福美好、家庭的幸福美好，而且是社会祥和、人民幸福。"福"文化与革命文化相联结，展现革命理想。

第一,"革命理想高于天"①。理想是基于现实且有实现可能的行为目标,由此革命理想就是革命的目标。这里所指的革命是新民主主义革命、社会主义革命;同时由于中国改革是全方位、宽领域、多层次的深刻社会变革,给我国经济社会生活带来深刻的变化,因而改革是一场新的社会革命。革命理想体现革命文化的价值取向,在中国建立和发展社会主义、实现共产主义,是一百年来中国共产党团结带领人民、艰辛开拓、奋发勇为、积极进取的理想目标。其中共产主义远大理想是革命理想的核心内容和最高目标。共产主义远大理想、中国特色社会主义共同理想与中国共产党为人民谋幸福、为民族谋复兴的初心使命一致。

中国共产党是革命的坚强领导核心,党的纲领、路线和政策与人民的期盼、愿景一致,由此革命理想亦可称之为党和人民的奋斗目标。中国共产党成立一百多年来,团结带领人民向着理想而行,革命理想在凝聚民众的价值共识、淬炼人们的思想自觉等方面发挥重要作用,是我们党领导革命实践的精神力量。在不同的历史阶段,中国共产党人团结带领人民奋发勇为的理想是具体的。在新民主主义革命时期,中国共产党人团结带领人民奋发勇为的理想目标是:反对帝国主义、争取民族独立,反对封建主义、争取人民解放。在社会主义革命时期,中国共产党人团结带领人民奋发勇为的理想目标是:完成新民主主义革命遗留任务、建立社会主义工业化初步基础、完成社会主义改造任务、在中国确立社会主义制度。在社会主义建设和改革时期,中国共产党人团结带领人民奋发勇为的理想目标是:探索出符合中国实际的社会主义发展道路、坚持和发展中国特色社会主义。在新时代,中国共产党人团结带领人民奋发勇为的理想目标是:继续坚持和发展中国特色社会主义、全面建成社会主义现代化强国、实现中华民族伟大复兴。简单来说,社会主

---

① 习近平:《习近平谈治国理政》第一卷,外文出版社,2018年,第23页。

义和共产主义是中国共产党和人民的理想和奋斗目标。

第二，革命理想与中国共产党为人民谋幸福、为民族谋复兴的初心使命一致。革命理想是奋斗目标，初心使命也是奋斗目标，所不同的是革命理想有层次，分为有远大理想、共同理想以及阶段性的具体的理想目标，初心使命则不然，其侧重于从价值主体上定位始终如一的奋斗目标。革命依靠人民、为了人民，革命理想目标始终不离为人民谋幸福、为民族谋复兴的初心。对于党的初心使命，习近平做出深刻的阐述："中国共产党是为中国人民谋幸福的政党，也是为人类进步事业而奋斗的政党。"①"人民对美好生活的向往，就是我们的奋斗目标。"②"全党同志一定要不忘初心、继续前进，……永远保持对人民的赤子之心，努力为人民创造更美好、更幸福的生活。"③为民族谋复兴，也是党的初心使命，"实现中华民族伟大复兴，……基本内涵是实现国家富强、民族振兴、人民幸福"④，人民幸福是民族复兴的重要体现。对于革命理想与党的初心使命的内在一致性，习近平指出："坚持不忘初心、继续前进，就要牢记我们党从成立起就把为共产主义、社会主义而奋斗确定为自己的纲领，坚定共产主义远大理想和中国特色社会主义共同理想"⑤。所以，不忘初心、牢记使命，从根本上讲就是坚定理想信念。

深入理解革命理想和中国共产党初心使命可知，二者都围绕着人民、民族和国家，强调人民幸福、民族复兴和国家的富强，"幸福""富强"蕴含于其中。可见，革命理想和中国共产党初心，融

---

① 中共中央党史和文献研究院，等：《习近平关于"不忘初心、牢记使命"论述摘编》，中央文献出版社、党建读物出版社，2019年，第13页。

② 《习近平关于"不忘初心、牢记使命"论述摘编》，第3页。

③ 《习近平关于"不忘初心、牢记使命"论述摘编》，第10—11页。

④ 《习近平关于"不忘初心、牢记使命"论述摘编》，第5页。

⑤ 《习近平关于"不忘初心、牢记使命"论述摘编》，第7页。

聚的是广大人民、各民族、整个国家的"福""富""强",是宏阔的中华之福。

第三,"福"文化展现着革命理想。文化蕴含价值追求,没有不包含价值追求的文化。"福"文化积淀了几千年来中华民族的精神追求,又结合了新时代的精神追求,是具有社会主义文化性质的精神力量。"福"文化的核心在于其价值取向,"福"文化凝结着革命文化,与共产主义理想和社会主义信念契合,展现着革命理想。

首先,"福"文化的价值取向与共产主义远大理想和中国特色社会主义共同理想同向。共产主义理想与中国特色社会主义共同理想犹如一本书的上下篇,共产主义理想是最高理想,中国特色社会主义共同理想是阶段性理想。"共产主义远大理想是建立在科学基础上的社会理想,是人类最伟大的社会理想。"① 中国特色社会主义共同理想就是要把我国建设成为富强、民主、文明、和谐和美丽的社会主义现代化强国。坚定共同理想就是在坚定共产主义远大理想。"福"文化在秉持中华传统福文化的积极内容的同时,结合了新时代福的意理,从这一侧面反映新时代中国特色社会主义事业的生动实践,同时"福"文化的发展又为生动具体的新时代中国特色社会主义事业提供精神文化支撑。这体现了"福"文化服务于新时代中国特色社会主义的价值取向及功能,体现了"福"文化的价值取向与共产主义远大理想和中国特色社会主义共同理想同向。

其次,"福"文化展现新时代人民对生活幸福、国家富强的追求。自古至今,人们总是渴望优质的生存环境,渴望实现物质生活的丰裕美好和精神生活的充实美好。进入新时代,人们对生活的品质有了更高要求,期待进一步提高幸福感。同时,新时代是"全国各族人民团结奋斗、不断创造美好生活、逐步实现全体人民共同富

---

① 本书编写组编:《马克思主义基本原理》,高等教育出版社,2021年,第319页。

裕的时代"①。"共同富裕是全体人民共同富裕,是人民群众物质生活和精神生活都富裕"。② 显然,共同富裕体现了新时代人民对生活幸福、国家富强的追求,因而新时代文化惠民的一个重要立足点在于:建设现代化强国,实现人民的共同富裕,满足人民对幸福美好生活的追求。"福"文化契合新时代的要求,全方位地突出福、强调福,反映人民追求幸福美好生活的生动现实,展现新时代人民对生活幸福、国家富强的追求。

二、印记革命伟业

与革命文化相联结的"福"文化,应然地印记革命伟业。"福"文化不仅与党团结带领人民进行波澜壮阔的革命、建设和改革的历史联结,而且与那些印记革命伟业、记录重要革命事件的革命旧址、革命纪念馆相联结,那些记录革命伟业的旧址、纪念馆是"福"文化的重要资源和载体。

第一,值得赞叹的革命伟业。"革命是历史的火车头"③,对促进社会发展和进步具有重要意义。从广义上说,"社会革命是指在社会基本矛盾运动基础上的社会生活的全面变革"④。新民主主义革命、社会主义革命是中国共产党团结带领人民所进行的革命,社会主义建设和改革、开创中国特色社会主义新时代都使我国经济社会发生深刻变化,具有革命意义。2021年党的十九届六中全会通过的《中共中央关于党的百年奋斗重大成就和历史经验的决议》

---

① 习近平:《决胜全面建成小康社会 夺取新时代中国特色社会主义伟大胜利——在中国共产党十九次全国代表大会上的报告》,人民出版社,2017年,第11页。
② 习近平:《习近平谈治国理政》第四卷,外文出版社,2022年,第142页。
③ 中共中央马克思恩格斯列宁斯大林著作编译局编译:《马克思恩格斯选集》第一卷,人民出版社,2013年,第527页。
④ 《马克思主义基本原理》,第147页。

中，对一百年来中国共产党坚持共产主义理想和社会主义信念，团结带领人民取得伟大成就做了四点概括：一是新民主主义革命的伟大成就，二是社会主义革命和建设的伟大成就，三是改革开放和社会主义现代化建设的伟大成就，四是新时代中国特色社会主义的伟大成就。这四个伟大成就是中国共产党始终把为人民谋幸福、为民族谋复兴作为初心使命的实践成果。

从中国共产党创立至新中国成立，党领导新民主主义革命的伟大胜利彻底结束了中国半殖民地半封建社会的历史，使中华民族赢得独立，人民获得解放，中国开始由新民主主义向社会主义转变，从根本改变了中国社会发展方向。可以说，新民主主义革命的伟大成就为中华民族谋复兴创造了根本社会条件。从新中国成立至改革开放前，党领导的社会主义革命和建设使中国迈进社会主义社会，这是中华民族历史上最为深刻最为广泛的社会变革，而在党领导社会主义建设中所取得的重大成就，则为我国发展进步奠定重要基础，社会主义革命和建设的伟大成就为中华民族复兴奠定根本政治前提和制度基础。从党的十一届三中全会至党的十八大，党领导全国人民进行了改革开放和社会主义现代化建设，这期间建立起社会主义市场经济体制，实现全方位的对外开放；党领导人民加快推进社会主义现代化建设，各项事业取得重大成就，"我国实现了从生产力相对落后的状况到经济总量跃居世界第二的历史性突破，实现了人民生活从温饱不足到全面小康、奔向全面小康的历史性跨越，推进了中华民族从站起来到富起来的伟大飞跃"[1]，改革开放和社会主义现代化建设的伟大成就为中华民族谋复兴提供了体制保障和物质条件。党的十八大以来，党团结带领人民如期实现了全面建成小康社会的奋斗目标，推动"党和国家事业取得历史性成就、发生

---

[1] 《中共中央关于党的百年奋斗重大成就和历史经验的决议》，《人民日报》2021年11月17日第1版。

历史性变革"①，新时代中国特色社会主义的伟大成就"为实现中华民族伟大复兴提供了更为完善的制度保证、更为坚实的物质基础、更为主动的精神力量"②。

第二，缘何"福"文化印记革命伟业。一方面，"福"文化与革命伟业二者都关系着人民的幸福。革命伟业与人民幸福紧密相连，革命伟业归根结底是人民的伟业，是为了人民过上幸福美好生活而进行的伟大事业。"福"文化不离人民幸福的价值取向，与革命文化相联结的"福"文化必定印记革命伟业。另一方面，"福"文化的资源样态和载体是多方面的，涉及历史资源、文化产业和事业、文化标识等等，其中记录革命重要历史事件的旧址、革命纪念馆等展现着革命伟业，是"福"文化的重要资源和载体。

第三，"福"文化怎样印记革命伟业。"福"文化凝结革命文化，展现革命理想，蕴含革命精神，并结合了新时代的精神追求，服务并反映社会主义现代化强国建设福建篇章的生动实践。而且现代化建设是在承继革命胜利成果上接续的，现代化建设又是与改革偕行的，改革是一场新的社会革命，故而，"福"文化印记革命伟业。"福"文化主要通过发挥其功能的方式印记革命伟业。一方面，"福"文化所蕴含的价值取向、意理内涵及智慧为现代化建设提供文化支持，并可能转化为物质力量，诸如"福"文化产业将促进文旅经济的发展。另一方面，"福"文化的发展将关联且有利于革命文化的发展，有利于红色文化的发展。红色文旅业融入"福"文化发展中，必将印记革命伟业，传承和创新革命文化。

三、蕴含革命精神

第一，值得传承和发扬的革命精神。革命精神作为革命文化的

---

① 《中共中央关于党的百年奋斗重大成就和历史经验的决议》，《人民日报》2021年11月17日第1版。

② 同上。

内容和表现，它以马克思主义为指导。马克思主义哲学中的唯物辩证法在本质上是革命的、批判的，同时马克思主义理论是富有革命性的理论品质，由此，革命文化应然地内含革命精神。革命精神是中国共产党团结带领人民在实践中形成的宝贵精神财富，是实现中华民族伟大复兴的精神力量。革命精神体现和表达着革命文化的品格，是革命文化的内核，是革命文化的最深沉、最基础的部分，是革命文化的主线。

革命精神是通过中国共产党人及人民群众在实践中体现出来的坚守理想信念的意识、风貌和活力，是党性和党的宗旨的体现。中国共产党团结带领人民在波澜壮阔的伟大历程中形成了诸多革命精神：伟大的建党精神、红船精神、百色起义精神、东北抗联精神、古田会议精神、长征精神、八一精神、苏区精神、遵义会议精神、井冈山精神、延安精神、抗战精神、红岩精神、沂蒙精神、西柏坡精神、大庆精神、红旗渠精神、"两弹一星"精神、雷锋精神、焦裕禄精神、特区精神、女排精神、载人航天精神、抗震救灾精神，等等。每一种革命精神有其具体内涵，如"'红船精神'概括为开天辟地、敢为人先的首创精神，坚定理想、百折不挠的奋斗精神，立党为公、忠诚人民的奉献精神"[1]。各种具体革命精神集合起来，又集中体现革命精神的基本内涵：忠于党和人民，无私奉献、不怕牺牲，实事求是，不畏艰难、艰苦奋斗，理想坚定、百折不挠，开天辟地、敢为人先，求真求实、开拓进取，服务人民、报效祖国，大公无私，等等，这些都是对革命精神的描述和概括，表达革命精神的丰富内涵。

在新时代，攻坚克难，推进社会主义现代化强国建设，为人民谋幸福、为民族谋复兴，需要传承和发扬的革命精神。革命精神为社会主义现代化强国建设和实现中华民族伟大复兴注入不竭动力。

---

[1] 习近平：《习近平谈治国理政》第三卷，外文出版社，2020年，第497—498页。

第二,"福"文化与革命精神相联结。"福"文化凝结革命文化,联结着革命思想、革命伟业和革命精神。之所以"福"文化与革命精神相联结,关键在于二者与中国特色社会主义社会文化的内在联系:一方面,"中国特色社会主义文化,源自中华民族五千多年文明历史所孕育的中华优秀传统文化,熔铸于党领导人民在革命、建设、改革中创造的革命文化和社会主义先进文化,植根于中国特色社会主义伟大实践"①。这表明,中国特色社会主义文化与中华优秀传统文化、革命文化、社会主义文化、中国特色社会主义伟大实践具有内在联系。另一方面,"福"文化不仅与中华优秀传统文化、中国特色社会主义伟大实践具有内在联系,而且是中国特色社会主义文化的组成部分,其应然熔铸于革命文化之中,与作为革命文化的内核和主线的革命精神相联结。

此外,让革命精神中所蕴含的理想信念、思想品格深度地与"福"文化联结,一方面可以展现"福"文化的时代性、革命性和社会主义属性,激励人们为实现人民幸福和民族复兴不懈奋斗;另一方面,可为"福"文化发展注入精神动力,推动"福"文化发展,挖掘和保护革命文化资源,带动革命文化的传承与创新。

第三,"福"文化蕴含革命精神的集中体现。首先,体现在价值取向上,"福"文化与革命精神相联结。"福"文化凸显福意文理,其中有一层意思即人民的幸福,这契合了革命精神所展现的党的初心使命。进而言之,"福"文化的发展反映人民的伟大实践,服务于人民,归根结底是为了人民,其价值取向在于人民。革命精神一方面体现在中国共产党人及人民大众的实践中,另一方面体现我们党依靠人民、为了人民、服务人民的宗旨。其次,体现在品格风貌上,"福"文化与革命精神相联结。尽管革命精神有多种,其内涵十分丰富,但种种革命精神及其内涵都具有积极进取、积极向

---

① 《决胜全面建成小康社会 夺取新时代中国特色社会主义伟大胜利——在中国共产党十九次全国代表大会上的报告》,第41页。

上的品格风貌，这种品格风貌使革命精神凝聚为巨大力量，为实现理想目标注入不竭之力。"福"文化从多方面凸显福意文理，无论是人民幸福、社会和谐、人生美好，还是福意文理浓厚的文化典籍、文化设施、文化标识、文化事业和文化产业，其同样展现积极进取、积极向上的品格风貌。

此外，蕴含革命精神的革命文化是具体的、历史的，有的表现物态形式，如古田会议旧址；有的表现为非物态形式，如古田会议精神。如果能够使革命精神融入"福"文化，就能将革命文化寓于"福"文化的发展，或者说，实现将"福"文化寓于革命文化中发展。

第三节　彰显福建特色文化

"福"文化源自中华传统福文化，是中华传统福文化的现代转型，其不仅从一般意义上反映中华传统福文化的积极内容和底色，而且具有地方特色。福建，以福字入名，喻为有福之地。福建地处我国东南沿海，域内山多水丰，人文历史厚重，新时代发展势头强劲。福建有古田会议旧址等诸多闽中闽西革命根据地旧址，红色文化居多；福建作为侨乡，有传承至今的海丝文化；福建既有本地闽越族流传下来的民俗文化，又有后来入闽的中原文化融入其中；受资源禀赋的影响，福建茶文化、龙舟文化等很有特色；此外福建还有传承至今的妈祖文化、船政文化、朱熹理学、闽商精神、闽西客家文化、宗教文化、闽南文化等等；近代以来，福建涌现出林则徐、沈葆桢、严复、林旭、林觉民等历史人物。可以说，福建文化具有开放、包容、综合的特色。同时，福建汇集诸多"福"文化元素，"福"文化资源丰富，可谓福韵丰腴之地，具有打造"福"文化的优势。所以，"福"文化彰显着福建特色文化，反映福建特色文化中的"福"俗、"福"态、"福"韵。

一、反映"福"俗

"福"俗是以福为主体、主线的民俗。民俗作为民间文化,是人们在特定的自然和历史环境中形成的相对稳定的、约定俗成的习惯,亦可称为习俗、风俗等。作为一种社会文化现象,"福"俗联结着社会物质生活和精神生活,同时联结着历史和现实。"福"文化反映福建特色文化中的"福"俗,强调的是八闽的民俗特色。"福建民俗是在中国传统文化的背景和氛围中形成的,所以具有中国传统民俗的一般特征。同时,它又是在福建这个特定自然环境和社会历史文化等条件下逐渐形成并发展起来的,因此在许多方面必然带有显著的地方特色。"[①]因而反映福建特色文化中的"福"俗是具体而生动的。

第一,反映在生产中的"福"俗。在福建,人们在长期的生产实践中形成了特有的"福"俗。在长期的农耕文明背景下,福建盛行"迎春"礼仪活动,人们期望通过隆重的"迎春"活动开启一年的农业生产,期待秋的丰收。同时,在农耕文明中,牛是进行农业生产的主要畜力,因而牛也成为古时福建"迎春"活动的主角。旧时,"迎春"活动内容丰富、礼仪庄严,百姓要提前手工制作"土牛"和童子模样的"芒神",然后在立春前日和当日与官府共同参与祭拜春牛和芒神。由此可见,牛和象征芒神的童子是具有福建地方特色的"福"元素。文化具有符号性特点,"福"文化反映福建生产中的"福"俗,凸显"牛"和"童子福娃"的符号特征。如果说"福"文化符号的底色是中华红、福字、中华街、同心圆等等,那么"牛"和"童子福娃"等则是与"福"文化底色相联结的符号,"福"文化的标识则在种种符号之上抽象而成。

第二,反映生活情趣的"福"俗。"福"文化彰显福建特色文

---

① 福建省地方志编纂委员会编:《福建省志·民俗志》,方志出版社,1997年,第6页。

化，包括具有福建地方特色生活情趣的"福"俗。在长期的历史发展和生活体验中，福建汇集了反映生活情趣的"福"俗，体现在岁时节庆、祝寿婚庆、民间信俗等活动中。一是人们寄福于神物。例如，民间视龟为吉祥物，是福的象征，有"乞龟摸福"的民俗。"民间流传，'摸龟头，盖大楼；摸龟嘴，大富贵；摸龟身，大翻身；摸龟脚，吃不干；摸龟尾，吃到有头有尾'的说法"[①]。这一民俗流行于福建和台湾两省，福州、泉州、澎湖等地都有举行"乞龟"活动的风俗。活动形式主要是邀请民众认捐大米，主办方将米袋子堆砌成较大的龟形，并用朱砂给龟点睛，喻为龟已有灵气，而后让民众前来摸米龟，以求五福临门。活动结束后，主办方会将米捐赠给困难家庭或福利院，即所谓"散福"与民。二是人们寄福于有象征意义的植物果实。如，福建盛产橄榄，橄榄俗称"青果"，口感涩中有甜，口味独特，为闽人钟爱，被喻为"福果"；福建盛产柑橘，"橘"与"吉"谐音，福橘被作为春节或婚宴的吉祥物，或为馈赠的福礼，或为陈列点缀。在闽南，芦柑蕴有吉祥喜庆、团圆之意，是家家户户春节必备的年货。再如，甘蔗甘甜可口，在闽南一带，每当辞旧迎新之际，人们会在家竖甘蔗，以期盼"节节升高"；在福建许多地方人们春节喜欢吃甘蔗，"意味着一年生活像吃甘蔗一般，一节比一节甜"[②]。"建瓯一带，迎亲时要吃'五子果'（即龙眼、荔枝、喜子、李干、核桃）"[③]，因五果均含"子"，以此表达期盼多子之福。另如，福建盛产茶叶，被喻为茶乡，请人喝茶，与人共饮，预示生活闲适祥和。此外、福建的线面、佛跳墙、扁食、桃、糍粑、米糕、桂圆、鸡蛋、鸭蛋等美食象征着生活甜美吉祥、健康长寿。三是生活中有多种仪式化"福"俗。比较常见的

---

① 殷伟：《福：中国传统的福文化》，福建人民出版社，2014年，第195—196页。

② 《福建省志·民俗志》，第62页。

③ 同上。

有祈福（求福）、祝福、请福、纳福、摸福等等。这些仪式常常出现在岁时节日中和婚礼上。如，"闽台地区在婚嫁习俗中，定亲时的礼物和定金等一定要挂红，以图吉利、喜庆和红火。女子嫁妆因贫富而悬殊较大，但'子孙桶'则是家家户户所必备，因其寓意早生贵子、人丁兴旺"[①]。四是民间信俗中的"福"俗。自古以来，福建是一个信俗丰富多样的地方，这里的民众有的信奉妈祖，有的信奉佛教等等，人们期盼以此获得平安和幸福。虽然这些信俗有唯心主义色彩，但民间信俗中传递着一些为人的道德理念，如妈祖的大爱精神、佛教的慈悲理念等，对提高人们的道德修养有一定积极作用。

"福"文化体现新时代人们的生活情趣和习惯，结合了八闽传统"福"俗，深度融入人民生活的多个维度、多个层面，从而彰显福建地方特色。吃"福食"、摸"福龟"、游"福巷"、崇"福牛"、逛"福园"、穿"福衣"、赏"福画"、唱"福歌"、敬"福神"、贴"福字"等等，在"福"文化发展中，八闽大地的福俗得到传承和发展。

二、凸显"福"态

"福"文化所凸显的福建特色文化中的"福"态，强调的是具有福元素的福建特色文化的具体样态。"福"态源于"福"俗，是"福"俗的提升，是在秉持中华传统福文化内容和形式的基础上，结合具有福建特色的"福"俗而呈现出的多维度、多层面、多形式的"福"文化样态。

第一，将"福"文化进行分类，可从一般意义上窥见其存在的样态。依据不同的标准，"福"文化有其不同的样态。从广义文化的角度，福建特色文化中的"福"态有物质性的和非物质性两种样态。从文化资源的角度，福建特色文化中的"福"态有"福"文化

---

① 方宝璋：《闽台民间习俗》，福建人民出版社，2003年，第413页。

历史资源、发展中的"福"文化事业和"福"文化产业等样态。从文化的表现形式看，福建特色文化中的"福"态有语言文字、宗教艺术、节俗民风、人文环境等样态。无论是怎样的表现形式，都可以划归到观念意义上的"福"态和物质意义上的"福"态两个方面。

第二，观念意义上的"福"态，属于非物质性即精神层面的"福"文化，其体现在人们对"福"的认识和理解、政策及相关制度安排、出版物、艺术品的风格、宣传教育载体及内容等诸多方面，是"福"文化实践的抽象，同时对"福"文化发展有导向作用。如果把"福"文化做层次化的解析，那么观念意义上的"福"文化样态在多层面的"福"文化顶端。观念上的"福"文化样态以具体"福"文化实践为基础，又对发展中的"福"文化有导引作用，同时体现"福"文化发展的高度、深度和广度。那么，如何在实践的基础上汇集具有时代价值的观念意义上的"福"态呢？首先要与新发展理念、社会主义核心价值观契合，形成具有时代意义的福意文理，要倡导"福"的共享观念和意识，强调共创、共享；要把个人幸福与人民的幸福联结起来，在"福"文化发展中弘扬奉献精神、集体意识、互助和利他观念；要注意"福意文理"与党和国家政策的相应同向；要把创造幸福生活与社会主义现代化强国建设、中华民族伟大复兴结合起来；要进行学理性研究，凝练出传统"福"俗的现代样态；要注重通俗性出版物的选题开发，做出一些有价值的图文并茂的反映积极幸福观和观念形态"福"文化的读物，如幼儿引导性绘本、中小学"福"文化课外读物，引导少年儿童对福意文理形成正确认知，涵养少年儿童正确的幸福观；高等院校和社会科学研究机构要在观念上的"福"文化样态建设方面发挥积极作用，研究出有价值的"福"文化理论成果，如马克思主义幸福观诠释、中华传统文化典籍中福意文理辑览、新时代八闽人民福俗拾零、闽台"福"文化发展史、福建省"福"文化发展概览、新时代福建发展与民生福祉，等等。

第三，关于物质意义上的"福"态。人们直观体验到的"福"文化大多是物质意义上"福"态。物质意义上的"福"态深度融入经济社会生活的方方面面，且其直观性和体验性较强，主要体现在"福"文化事业、"福"文化产业、可听可看的"福"文化产品以及人们的生活中。从物质到观念，再由观念导引体验性较强的"福"文化，这是一个辩证的过程。可见，物质意义上的"福"态在"福"文化中意义较大。发展"福"文化的一个关键在于，要注重物质意义"福"态的塑造。要发挥福建地名中以"福""安"等字为名的优势，这一优势可在经济组织的命名上凸显出来，像"宁德时代"就是一个成功案例；要将福建历代流传的富有吉祥意义的"福食"标识运用到食品、服装、玩具、艺术品、纺织品及其他生活用品中，逐步形成福建地方品牌，使"福"态充分与产业结合，从而带动"福"文化充分服务于经济社会生活；要敬字、惜字，在尊重文字观念的基础上打造观赏性的"福"字文化休闲场所，带动凸显福意文理的文旅新业态的发展；要发挥福建民俗信俗的优势，开展积极有序的民俗活动和信俗活动，传递与"福"相联结的慈善、诚信、互助、自律、友善等观念，并发展与民俗活动、信俗活动相联系的文化经济，提升彰显福意文理的文化经济的品质；在文化事业发展中融入"福"元素，如展览、博物馆、图书馆，可按照各自发展的实际，在场馆布置和相关活动中融入"福"文化元素；等等。"福"文化标识应体现"福"俗、"福"态、"福"韵，应汇集中华优秀传统福文化的底色，还要体现出福建地方特色。

第四，关于"福"态的整体性简释。如上所述，集中体现福建地方特色文化的"福"态，是基于中华传统"福"俗和福建地方"福"俗基础上的观念性或物质性的"福"文化样态。以综合的思维诠释"福"态，即集中而不覆盖、发展而不离八闽特色。所谓"集中而不覆盖"，即形成集中体现福建地方特色的"福"态聚集效应。可经过充分论证，选取一些点位作为发展载体，如福州的三坊七巷、福山，可将其打造成福意氛围浓厚，富有地方特色的"福"

文化旅游休闲地、文化经济聚集地、文化活动举办点，让人们充分沉浸"福"文化氛围，选购"福"文化产品和服务，品味"福"文化的格调。"发展而不离八闽特色"，指"福"文化与精神文明建设的其他方面互为发展，但不是覆盖，或者说，大力发展"福"文化，但并不以此替代精神文明建设的其他方面。党内政治文化、家风建设、校园文化、企业文化、社区文化等等，依然依其特点而发展，精神文明建设的其他方面根据实际适度融入"福"文化元素，实现"福"文化与精神文明建设互为发展。"发展而不离八闽特色"，一要求增量提质，打造富有福建地方特色"福"态，实现"福"文化量与质的繁荣；二要求发展中的"福"文化，尤其在"福"态方面，应独具八闽特色。要瞄定八闽"福"文化历史资源，并实现创造性转化和创新性发展。要拾取八闽"福"文化的现实资源，并实现理性提升和创新性发展。

简言之，"福"态，是"福"文化体现福建地方特色的关键，其联结"福"俗和"福"韵，是成功打造"福"态，繁荣"福"文化的关键。

三、折射"福"韵

"福"韵蕴藏于"福"俗、"福"态之中，折射福建特色文化中的福意情趣风貌。"福"韵是"福"俗、"福"态的凝练和提升，展现"福"文化的品味风貌，即朴实自然之韵、进取奋斗之韵和和谐美善之韵。

第一，"福"文化蕴含和展现朴实自然之韵。福建域名自带"福"，福建有福山祥水，居住着向福、造福、有福之人。福建省，可谓是含福之域、得福之地，居之受福。福建有福州、福清、福安、福鼎等以"福"字入名的城市，还有象征着平安吉祥的、以"安"字入名的诏安、南安、安溪、永安等等。在我国 34 个省级行政区中，唯有福建省以"福"字入名，而在我国省会城市中又唯有福州以"福"字而得名。福州市因其西北有福山而得名，自唐开元

十三年（725）启用。据史书记载，在唐代安史之乱后，福州的确也成为"北方士民南迁避乱的洞天福地"①。"'福州'将吉祥的祝福、对生活的热爱和期待、对居住地的自豪和感恩，完美地融合在一个词语之中；近一千三百年来，运载着和平和安详，运载着宁静和美丽，佑护着一代又一代的福州人民"。② 福州以"福"入名的社区、村较多，如，福德一居委会、福德二居委会、福屿村、福屿后村、福马村、福龙村、福田村等几十个。此外，福州还有许多路、巷以"福"字入名。含福之域，得福之地，定是为人向往而趋之、安之。

"福"文化所具有的朴实自然之韵，一方面在于其汲取了福建自有的福之韵味、风貌，质朴真实地反映新时代人们建设社会主义现代化强国、创造幸福生活的生动实践。"福"文化的符号、标识设计上要充分体现"福"文化的朴实自然风貌、韵味。抑或说，"福"文化虽为俗文化，但其"俗而自然"，处处透出朴实自然的清雅之韵。此外，"福"文化的标识设计忌抽象烦琐，应简约直观地展现"福"之韵。另一方面，朴实自然的"福"文化能够切切实实地发挥其助推经济社会发展的作用。这就是说，"福"文化的发展不仅仅能聚福意文理，形成文化发展之势，而且要确确实实从思维理念、政策安排、文化事业、文旅业态、民俗风气等方面发挥其积极作用，实干兴福，推动建设福建文化强省，助推社会主义现代化建设福建的新篇章。

第二，"福"文化蕴含和展现进取奋斗之韵。进取奋斗之韵，是"福"文化彰显福建民众在党的领导下全面建成社会主义现代化强国福建篇章的精神风貌，也是"福"文化时代特色的体现。相对于中华传统福文化，"福"文化是立足于新时代中国特色而发展的，

---

① 李江：《中国传统福文化研究》，中国轻工业出版社，2019年，第151页。

② 《中国传统福文化研究》，第150页。

在新时代，中国共产党要团结带领人民完成全面建设社会主义现代化国家，要实现全体人民的共同富裕，创造全体人民的美好生活。习近平指出：要"让人民群众有更多获得感、幸福感、安全感。"① 习近平进一步指出："幸福生活都是奋斗出来的。"② 人民的幸福是新时代的重要主题，同时人民对幸福生活的追求需要社会主义核心价值观的引领，需要与社会主义核心价值观相契合的正确幸福观来引领。而"福"文化的进取奋斗之韵体现了新时代应有的幸福观，反对功利主义和享乐主义，强调以积极进取、奋发勇为的奋斗精神创造幸福、享有幸福。

在向着第二个百年奋斗目标砥砺前行和中华民族伟大复兴的关键时期，面对世界百年未有的大变局和国内发展的艰巨任务，习近平指出："征途漫漫，惟有奋斗。全党全国各族人民要更加紧密地团结在党中央周围，坚定信心决心，以永不懈怠的精神状态、一往无前的奋斗姿态，真抓实干、埋头苦干，向着实现第二个百年奋斗目标奋勇前进！"③ 在此，习近平三次提到"奋斗"，强调了"干"字当头的奋斗精神。新时代需要奋斗，新时代是以奋斗的风貌实现理想、创造幸福的时代。"福"文化结合新时代的发展，体现新时代发展的风貌和人们的精神状态，具有奋发勇为、昂扬向上的进取奋斗文化品味和格调，这就是"福"文化的进取奋斗之韵。

具体言之，进取奋斗之"福"韵内含几层意思：一是幸福在于创造，依靠人的努力奋斗，即认识世界、改造世界，创造幸福；二是奋斗的过程就是创造和实现幸福的过程；三是奋斗既是为实现个人人生价值，也是为实现广大人民的美好幸福生活。进取奋斗之"福"韵展现着"福"文化革命性、时代性。

第三，"福"文化蕴含和展现和谐美善之韵。"福"文化凸显福

---

① 《习近平谈治国理政》第三卷，第346页。
② 《习近平谈治国理政》第四卷，第142页。
③ 《习近平谈治国理政》第四卷，第139页。

意文理，和谐美善是其必有之韵，和谐美善之"福"韵体现在多个方面：首先，"福"文化反映着福建社会主义现代化建设的活力。依据 2022 年 8 月 30 日"福建发布"公众号提供的"中国这十年·福建"数据显示，福建省地区生产总值连跨 3 个万亿元台阶，年均增长 8.1%，2021 年地区生产总值达到 4.88 万亿元，位列全国第八；2021 年福建省居民人均可支配收入达到 40659 元，位居全国第七位。文化是社会生活的写照和反映，文化也即是生活本身，"福"文化展现着福建强劲的发展势头和活力，反映着民生水平的提升，可谓"福"韵浓浓，"福"气满满。

其次，"福"文化散发出时代气息的美善之韵。福，就其文理而言，本身蕴含美满、美好的意思。美，是"福"文化所具备的格调和风貌。无论是"福"俗，还是"福"态，处处散发出与时代相契合的美感、祥和的氛围。"福"文化所体现的"福"韵，是进取奋斗中创造的福，是个人幸福和为人民创造幸福的统一，因而其散发出美德风貌，是积极的、主动的、勇为的、利民的，是善的。美善是"福"文化必有之风貌。

第四节　反映社会主义现代化强国建设福建篇章的精神力量

"福"文化与中华传统福文化都是基于福、以福为主线的文化，但相对于中华传统福文化，从指导思想、组织领导、功能作用等方面看，"福"文化则是对中华传统福文化创造性转化和发展。一方面"福"文化汇集了中华传统福文化的丰富内容和积极元素，承继和发展了中华福文化的要义、意理和文脉。另一方面"福"文化的承载者、传播建设者是进入中国特色社会主义新时代的广大人民群众；"福"文化摒弃了中华传统福文化中的封建迷信、封建观念等，倡导与社会主义核心价值体系相契合的理念；"福"文化成长于中国特色社会主义伟大实践中，与新时代相结合，富有新的内涵。同时，又由于福建省汇集诸多中华传统福文化元素、富有"福"文化资源，因而在全面建成社会主义现代化强国、实现全体人民共同富裕和中华民族伟大复兴的征程上，"福"文化还彰显了福建特色文化，凸显社会主义现代化强国建设之福建篇章。

一、具有社会主义文化属性

"福"文化蕴含于新时代中国特色社会主义文化建设中，展示着中国特色社会主义文化，服务于中国特色社会主义伟大实践，具有社会主义文化属性。

第一，坚持中国共产党领导和马克思主义为指导，体现了"福"文化的发展方向。文化的发展方向事关社会主义现代化建设的全局，十分重要。我国是中国共产党领导的社会主义国家，我们国家的文化反映着中国特色社会主义经济和政治，具有社会主义属性。习近平指出："发展中国特色社会主义文化，就是以马克思主义为指导，坚守中华文化立场，立足当代中国现实，结合当今时代条件，发展面向现代化、面向世界、面向未来的，民族的科学的大众的社会主义文化，推动社会主义精神文明和物质文明协调发展。"[1] 习近平总书记对我国社会文化发展方向做出了明确而深刻的论述。"福"文化与中国特色社会主义文化前进方向一致同向，且展示中国特色社会主义文化，这是"福"文化契合新时代的体现和要求。相对于中华传统福文化，"福"文化契合了新时代要求，实现了对中华传统福文化的扬弃及创新性发展，其应然具有社会主义文化属性，展示中国特色社会主义文化发展方向。

首先，马克思主义是"福"文化的鲜亮底色。以马克思主义为理论指导，是"福"文化沿着中国特色社会主义方向发展的集中体现。马克思主义是中国特色社会主义文化的鲜亮底色和指导思想。

---

[1] 《决胜全面建成小康社会 夺取新时代中国特色社会主义伟大胜利——在中国共产党十九次全国代表大会上的报告》，第41页。

作为科学的理论体系，马克思主义是关于自然界、人类社会和思维发展一般规律的学说，是关于无产阶级和全人类解放的学说，是无产阶级政党和社会主义国家的指导思想。马克思主义是中国革命、建设和改革的强大思想武器。正是以马克思主义为理论武器，中国共产党团结带领人民取得革命的伟大胜利、建设和改革的伟大成就，在中国确立社会主义制度，发展和壮大社会主义事业。马克思主义使进入近代以来的中国发生了历史性的巨变。马克思主义是中国共产党的指导思想，是我们国家的指导思想，坚持和发展中国特色社会主义，必须坚持马克思主义的指导。而坚持和发展中国特色社会主义，内含中国特色社会主义的经济、政治、文化几个方面。繁荣和发展中国特色社会主义文化，一定要坚持马克思主义的指导。可以说，是否以马克思主义为指导，是衡量文化的社会主义属性和发展方向最重要的标准。

马克思主义是"福"文化的鲜亮底色，这主要在于：一方面正如同新时代的企业文化、校园文化、组织文化、各地特色文化等，从整体范畴上，从不同的侧面反映中国特色社会主义事业发展的生动实践，不是独立于中国特色社会主义文化之外的，而是同属于中国特色社会主义文化建设之中的。"福"文化是中国特色社会主义文化建设事业的组成部分，其应然以马克思主义为指导。由此，以马克思主义为指导，"福"文化既秉持了中华传统福文化中的积极方面，又克服中华传统福文化中不合时宜、消极的方面。如，"福"文化承继中华传统福文化的祈福、求福之说，同时"福"文化强调一切幸福美好并非人主观想象或外在神秘力量所赐，而是人们基于客观实际奋发勇为、积极进取的结果。

其次，坚持中国共产党领导，是确保"福"文化社会主义发展方向及健康发展的根本政治保证。这主要在于：一，中国共产党作为无产阶级政党、中国工人阶级先锋队、中国人民和中华民族先锋队，以马克思主义为指导思想。坚持党对"福"文化的领导，是坚持马克思主义指导发展"福"文化的集中体现。二，坚持党对

"福"文化的领导，是确保"福"文化社会主义发展方向的根本政治保证。作为文化，"福"文化亦属于思想范畴，而思想文化范畴的诸多内容与意识形态关联，具有意识形态属性，折射的社会制度。具体而言，"福"文化的形式和内容不可避免地涉及舆论导向问题，而"舆论导向正确，是党和人民之福；舆论导向错误，是党和人民之祸。"① 可见，坚持党对"福"文化的领导，是"福"文化发展中的极为重要问题，不仅可保有"福"文化的社会主义属性和发展方向，而且是"福"文化展示中国特色社会主义文化的关键所在。三，坚持党对"福"文化的领导，是坚持党领导中国特色社会主义文化的体现。中国特色社会主义文化是中国特色社会主义"五位一体"总体布局的一部分，中国共产党是中国特色社会主义事业的领导核心，中国共产党领导是中国特色社会主义的本质特征。中国共产党是国家最高领导力量，对中国特色社会主义事业实行全面领导。而"福"文化结合新时代，且从凸显"福"内涵、意理和文脉的角度展示中国特色社会主义文化，是中国特色社会主义文化的组成部分，坚持党对"福"文化的领导，是中国特色社会主义文化发展繁荣及"福"文化自身发展的内在要求。

第二，"福"文化蕴含和展示为人民服务和为社会主义服务的发展方向。为人民服务和为社会主义服务的文化方针，体现了中国特色社会主义文化发展的根本方针和发展方向。能否蕴含和展示为人民服务和为社会主义服务的发展方向，是衡量"福"文化是否具有社会主义文化属性、是否展示中国特色社会主义文化的体现。"福"文化作为极具民族特色的中华福文化的新时代形式和中国特色社会主义文化的组成部分，蕴含和体现了"二为"方向。首先，"福"文化与新时代相结合，以中国特色社会主义进入新时代为背景，与新时代我国各项事业的发展相契合，这是"福"文化蕴含和

---

① 中共中央宣传部、中共中央文献研究室：《论文化建设——重要论述摘编》，学习出版社、中央文献出版社，2012年，第130页。

展示为人民服务和为社会主义服务发展方向的重要因由。"福"文化形成于中国特色社会主义事业发展之中，包含于中国特色社会主义文化之中，反映中国特色社会主义事业的生动实践，成为中国特色社会主义文化发展中的极具民族特色的文化形式。"福"文化有其时空指向，"福"文化基于我国现实，与新时代偕行，面向现代化、面向世界、面向未来。习近平指出："这个新时代，是承前启后、继往开来，在新的历史条件下继续夺取中国特色社会主义伟大胜利的时代，是决胜全面建成小康社会、进而全面建成社会主义现代化强国的时代，是全国各族人民团结奋斗、不断创造美好生活、逐步实现全体人民共同富裕的时代。"[①] 不论是夺取中国特色社会主义伟大胜利，还是建设社会主义现代化强国，归根结底是不断创造美好生活、逐步实现全体人民共同富裕。同时，中国特色社会主义文化作为走向世界的新型的先进的社会主义文化，以马克思主义为指导，致力于社会主义的发展，以全人类解放和人的自由而全面发展为目标，这意味着其会超越民族的界限，面向世界。而"福"文化是中国特色社会主义文化的组成部分，其必将在发展中面向世界、走向世界。可以说，新时代"福"文化的理念、内涵和形式深度契合和反映新时代要求，被赋予新的内容，与不断创造美好生活、逐步实现全体人民共同富裕紧紧呼应，成为既坚守中华文化立场、与中华传统福文化相联系，又相区别的新的中华福文化样态。

其次，"福"文化富有民族性、大众性和科学性的特点，这是"福"文化蕴含和展示为人民服务和为社会主义服务的重要体现。"中国特色社会主义是物质文明和精神文明全面发展的社会主义。一个没有精神力量的民族难以自立自强，一项没有文化支撑的事业

[①] 《决胜全面建成小康社会 夺取新时代中国特色社会主义伟大胜利——在中国共产党十九次全国代表大会上的报告》，第10—11页。

难以持续长久。"① "文化是民族生存和发展的重要力量。"② "中华文化既坚守本根又不断与时俱进，使中华民族保持了坚定的民族自信和强大的修复能力，培育了共同的情感和价值、共同的理想和精神。"③ 自古以来，中华人民崇福、尚福，追求幸福美好，中华福成为几千年来中华民族深沉的文化基因。中华优秀传统文化是中华民族的突出优势，是我们在世界文化激荡中站稳脚跟的根基。以极具民族风格的百福字、福义语、福习俗等等，彰显着"福"文化民族特色。"福"文化富有民族特色和风格，展示"中国特色"，融入中国特色社会主义文化中。文化是民族的血脉，是一个民族生存发展的根基，展现着民族的形象。"福"文化的民族性从一个侧面坚守着中华文化立场，不仅体现我国文化的独立性，且从文化层面体现中华民族独立于世界民族之林。民族的文化是不断发展的，从中华传统福文化到"福"文化，一方面"福"文化是中华传统福文化不断发展演进的结果，另一方面"福"文化基于现实不断延展，"福"文化是能够不断发展、不断创新的文化。

又言，人民性是马克思主义理论的重要特征。人民群众是"福"文化建设的主体、传播发展的主体，同时人民又是"福"文化发展成果的共享主体。"福"文化是大众的文化。另言，"福"文化以马克思主义的世界观和方法论为指导，要求以科学的精神和态度予以对待，以社会主义核心价值体系引领，反对封建迷信。这划定了"福"文化的内容和精神实质，也表明"福"文化是科学的文化。

简言之，作为文化，"福"文化与中国特色社会主义文化发展方向一致同向。"福"文化坚守为人民服务的方针。为人民服务是

---

① 中共中央文献研究室编：《习近平关于社会主义文化建设论述摘编》，中央文献出版社，2017年，第3页。

② 《习近平关于社会主义文化建设论述摘编》，第5页。

③ 《习近平关于社会主义文化建设论述摘编》，第7页。

党的宗旨，体现党的性质，是中国特色社会主义文化的发展方针，也是"福"文化应坚守的发展方针。这就要求在发展"福"文化的过程中践行群众路线，在推进"福"文化发展过程中坚持为人民服务、依靠人民群众、成果由人民共享。

二、凝结福建经济社会发展文明成果的精神力量

"没有社会主义文化繁荣发展，就没有社会主义现代化。"[①]"统筹推进'五位一体'总体布局、协调推进'四个全面'战略布局，文化是重要内容；推进高质量发展，文化是重要支点；满足人民日益增长的美好生活的需要，文化是重要因素；战胜前进道路上各种风险挑战，文化是重要力量源泉。"[②] 可见，文化的繁荣发展在社会主义现代化强国建设中具有重要战略地位。在实践中，坚持以马克思主义为"福"文化的指导思想，坚持党对"福"文化的领导，坚持"福"文化的"二为"方向，就是使"福"文化服务于社会主义现代化强国建设，为社会主义现代化强国建设提供文化支撑。

第一，"福"文化的发展有利于培育福建民众的民族精神，为社会主义现代化建设的福建篇章凝心聚气。以爱国主义为核心的民族精神，是社会主义核心价值体系的重要内容，热爱祖国则是社会主义核心价值观对公民个人层面的要求。爱国主义教育激励着中华民族积极进取，为实现中华民族伟大复兴不懈努力；爱国主义精神凝聚民族力量，使中华民族团结一致，克服前进中的困难和挑战。几千年来，中国人尚福、崇福，形成福俗、福语、福字等，创造了内涵丰富的中华传统福文化。可以说，中华传统福文化体现了浓厚的民族风，其是民族的。而"福"文化是对中华传统福文化创造性转化发展的结果，其中有着深厚中华文化基因，体现广大人民对幸

[①] 《习近平谈治国理政》第四卷，第309页。
[②] 《习近平谈治国理政》第四卷，第309—310页。

福美好生活的向往。"福"文化事业和"福"文化产业的发展，必将突出福义文理的民族文化特色，并以此传播中华文化，展现本真的中国，这在一定意义上有利于涵养国民的民族性格，培育爱国主义精神，提高国家文化软实力。

第二，通过"福"文化事业和"福"文化产业的发展，满足福建人民对美好生活的期待。一方面通过发展"福"文化事业，向社会提供"福"文化精神食粮，拓展文化惠民的内容，增强公共文化服务的品质，发挥"福"文化事业的社会效益。另一方面通过发展"福"文化产业，能够促进"福"文化产业与文化、旅游经济融合发展，培育和打造文化产业新业态，有利于健全现代文化产业体系，发挥"福"文化产业发展所形成的经济效益，满足人们对美好生活的新期待。

第三，通过发展"福"文化，有利于提高福建民众的思想道德素质和文化素质。一方面"福"文化凸显中华传统福文化中福义涵、福意理、福文脉，并实现创造性转化和发展，其中内含积极向上的价值理念。如，以积极进取、奋发勇为的精神追求幸福，以美好的道德涵养幸福生活，以功在当代、利在千秋的理念造福后代等等。同时"福"文化作为中国特色社会主义文化的组成部分，契合并体现社会主义核心价值观，影响人的情感认同和行为习惯。所以，"福"文化的发展有利于提高人们的思想觉悟、道德素质，从而提高社会的文明程度。另一方面"福"文化通过语言、艺术、文字、民俗等诸多形式体现出来，不仅体现中华传统福文化，而且展示新时代的福意文理，而"福"文化的发展是人民广泛参与的生动实践，必将以文化人，提高"福"文化发展主体自身的文化素质。

"福"文化坚守为社会主义服务的方针，能够助力社会主义文化强国建设，激发全民族文化创新创造活力，更好地构筑中国精神、中国价值、中国力量。

第二章 "福"文化蕴含的主要内容

"福"文化源自中国传统民俗文化。它的涵盖面非常广，伴随中国几千年的历史文明的变迁与发展，如今已经渗透到中国人生活的点点滴滴中。它所折射出的是我们整个中华民族的生活观念及价值观。"福"文化历史悠久，与中华民族同生，与中华民族发展同步，是中华民族的基因文化。"福"文化是中华亿万人民的精神寄托，为每个中华儿女所认同和推崇，是维系各民族手足情感，团结各阶层，推动中华民族不断发展前行的强有力的文化纽带。"福"文化生生不息，内涵不断丰富、扩大，全面渗透于人们的生产、生活、思想等方方面面，超越了民族、宗教、社会、地域、时空等范畴，可谓是包罗万象。可以说，"福"文化是对中华民族影响最远、最广的民族主流核心文化，是民族文化明珠、民族文化之根和世界珍贵的非物质文化遗产。时至今日，"福"文化在当代焕发着新的生命力，成为链接当代文化和古代民间文化的重要桥梁，它代表了当代中国人思维和意识中最完整、最全面和最连续

"福"字的甲骨文

的吉祥价值认同。

第一节 内含福惠民众的文化旨意

福惠民众是"福"文化以人民为中心的发展思想的集中体现。首先，福惠民众实现了对我国优秀传统文化中的民本思想的扬弃与升华。我国优秀传统文化中的民本思想，既包含有至今仍然具有重要价值的重民爱民思想，又带有维护封建地主阶级统治地位的理论局限性。福惠民众既吸收了民本思想中的重民爱民理念与价值取向，又克服了其固有的阶级局限性，实现了对民本思想的扬弃与升华。

一、为人民谋幸福的价值取向

为人民谋幸福是"福"文化幸福观首先需要回答的基本问题。对这一基本问题的准确解读和科学回答，是正确制定和实施民生幸福政策的前提和依据。人民幸福作为一个相对概念，它在不同的历史时期，有着不同的时代内涵。伴随着我国进入中国特色社会主义新时代这一崭新的历史时期，人民幸福的时代内涵也有了新的变化。

第一，人民幸福的本质是全体人民都幸福。习近平总书记指出，"我们人民的美好生活，一个民族，一个家庭，一个人都不能少。"让全体人民都幸福，就是要让每个人都过上幸福美好的生活，都实现个人幸福。因此，个人幸福是幸福的根本之所在，实现个人幸福是实现人民幸福的前提和基础。要实现人民幸福，首先就要实现个人幸福。然而，目前我们所面临的现实情况是，不同地区、不同行业的人们，其所拥有的实现个人幸福的条件不同，其所实现的个人幸福的程度亦不相同。有的人已经过上了富足的生活，实现了个人理想；有的人则刚刚脱离贫困。因此，想要确保个人幸福的实现，进而确保人民幸福的实现，就要本着"坚守底线、突出重点、完善制度、引导预期"的原则，贯彻落实精准扶贫战略、乡村振兴战略以及区域协调发展战略，来为落后地区和低收入群众实现个人

幸福创造条件，让每个人都有能力、有机会在国家和社会的帮扶下，通过辛勤劳动和努力奋斗来实现个人幸福，为实现人民幸福创造坚实的基础。

第二，人民幸福的外在表现是千千万万个家庭的幸福美满。家庭是社会的细胞，"国家富强，民族复兴，人民幸福，不是抽象的，最终体现在千千万万个家庭都幸福美满上"，习近平总书记在2016年12月12日会见第一届全国文明家庭代表时强调。由此可见，家庭幸福美满是人民幸福的重要依托，千千万万个家庭的幸福美满是人民幸福的主要外在表现。因此，我们要重视家庭建设，让家庭成为承载人民幸福的摇篮。实现家庭的幸福美满，首先需要每位家庭成员都重视亲情、珍惜家庭，时刻将家庭和亲人放在心上，不要让遥远的距离割断了真情，不要让日常的忙碌中冲淡了真情，不要在日夜的拼搏中忽略了真情。谨记家和万事兴，同亲人们一道齐心呵护自己的小家庭，保持家庭的和睦与团结。实现家庭的幸福美满，还需要我们重视家庭建设，重视优良家风的培养，将尊老爱幼、勤俭持家等中华民族传统家庭美德发扬光大，让优良的家风促进家庭和谐，促进亲人相亲相爱，促进下一代健康成长，促进老年人老有所养，从而让家庭的幸福美满在优良家风的带动下得以实现，让千千万万个幸福美满的家庭成为国家发展、民族进步、社会和谐的重要基点，成为承载人民幸福的摇篮。

第三，人民幸福的判断依据是人民的获得感、幸福感、安全感。人民幸福，就是要让人民群众过上幸福生活的心愿得以实现，就是要使人民获得感、幸福感、安全感更加充实、更有保障、更可持续。因此，人民是否拥有获得感、幸福感、安全感是民生幸福实现与否的判断依据。获得感、幸福感、安全感作为一种心理体验，它在人民群众的基本生活得以保障、最关心最直接最现实的利益问题得以解决，以及对美好生活的期盼得以实现后才会产生。其中，获得感主要是指人民群众最关心最直接最现实的利益问题得以解决后的欣慰。幸福感主要是指人民群众对美好生活的期盼得以实现的喜悦。安全感主要是指人民群众在生产安全和生活安全得到保障带来的安心。获得感、幸福感、安全感作为民生幸福的判断依据，它们三者之间并非简单的并列、平行关系，而是一个密切联系、有机统一的整体。其中，安全感是民生幸福的底线，是民生幸福实现与否的最低判断标准。获得感是安全感的进一步提升和幸福感得以实现的基础，是人民幸福实现程度的主要衡量标准。幸福感是民生幸福实现与否的最高判断标准，是民生幸福实现与否的终极依据。

要想让人民群众拥有获得感、幸福感、安全感，一方面必须大力发展生产力，创造坚实的物质基础；另一方面则要更加注重发展的可持续性、平衡性、公平性和充分性，使人民群众的获得感、幸福感、安全感更加充实、更可持续、更有保障。

二、创造民生幸福的精神力量

民生幸福，从字义上理解是民众生存的持续的心理满足状态，一种让人感觉愉悦，生而有用、生有所值的情感体验。这一满足的状态建立于物质适当满足的基础上，体现为精神的自得。

第一，创造民生幸福是中国共产党人的初心和使命。中国共产党人的初心和使命是为中国人民谋幸福，为中华民族谋复兴。中国共产党人之所以要将实现民生幸福作为初心和使命，这是由我国的国家性质和中国共产党的性质所决定的。首先，从我国的国家性质来看，我国是人民当家作主的社会主义国家，社会主义就是要让人民过上幸福美好的生活，就是要实现民生幸福。我国的国家性质决定了作为执政党的中国共产党要永远把人民对美好生活的向往作为奋斗目标，要将实现民生幸福作为初心和使命。其次，从中国共产党的性质来看，中国共产党是中国特色社会主义事业的领导核心，代表中国最广大人民的根本利益。民生幸福凝聚着千千万万人民群众对美好生活的渴望和诉求，实现民生幸福意味着维护最广大人民的根本利益。中国共产党作为中国最广大人民的根本利益的代表者，必然要将实现民生幸福作为初心和使命，带领广大人民群众过

上幸福美好的生活。

第二，创造民生幸福是经济社会发展的必然结果。党的二十大报告显示，我国国内生产总值迈上114万亿元人民币的新台阶，各项民生事业加快发展。可以说，一系列经济建设和民生建设的成就，昭示着我国的社会生产能力显著提升，人民的生活质量不断改善。从总体上看，人民低层次的物质生活需要已经得到了充分的满足。当人民低层次的物质生活需要得到充分满足以后，就会产生追求更大幸福的驱动力，就会期盼有更好的教育、更稳定的工作、更满意的收入、更可靠的社会保障、更高水平的医疗卫生服务、更舒适的居住条件、更优美的环境。简言之，就是人民群众会对民生幸福的渴望和需求越来越强烈。因此，实现民生幸福是经济社会发展的必然结果。当经济社会发展到可以为实现民生幸福提供坚实的物质基础时，实现民生幸福就会成为时代的呼声，成为党和国家今后的工作重点。

第三，创造民生幸福是解决我国社会主要矛盾的客观需要。伴随着我国进入中国特色社会主义新时代，"我国社会主要矛盾已经转化为人民日益增长的美好生活需要和不平衡不充分的发展之间的矛盾"[①]。社会主要矛盾的转化向我们释放了两个信号：第一个信号是，从总体上看，我国的生产力发展水平有了大幅度的提升，社会生产能力显著增强，人民的生活质量不断改善，获得感不断增强；第二个信号是，从局部上看，我国的生产力发展水平在地区之间、行业之间以及城乡之间还存在着差异，发展的平衡性、协调性和充分性尚未完全实现。基于此，在继续推动发展的基础上，着力解决好发展过程中所存在的不平衡和不充分问题，大力提升发展的

---

① 习近平：《高举中国特色社会主义伟大旗帜 为全面建设社会主义现代化国家而团结奋斗——在中国共产党二十次全国代表大会上的报告》，中国共产党新闻网：ht-tps://cpc.people.com.cn/zoth/n1/2022/1026/c448334—32551867.html，访问日期：2023年11月1日。

质量和效益，满足人民日益增长的美好生活需要，实现让全体人民共享发展成果的民生幸福，便成为解决我国当前社会主要矛盾的客观需要。

三、享有民生幸福的价值准则

第一，享有民生幸福的基本着眼点就是要坚定不移地走中国特色社会主义道路。习近平总书记在党的十九大报告中明确指出，"中国特色社会主义道路是实现社会主义现代化、创造人民美好生活的必由之路"。由此可见，中国特色社会主义道路是实现民生幸福的根本道路。发展民生事业，享有民生幸福，必须坚定不移走中国特色社会主义道路。中国共产党作为中国特色社会主义事业的坚强领导核心，在走中国特色社会主义道路的过程中始终发挥着重要的领导作用。因此，坚定不移走中国特色社会主义道路，首先要加强党的建设，确保党在世界形势深刻变化的历史进程中始终走在时代前列，在应对国内外各种风险和考验的历史进程中始终成为全国人民的主心骨。让全国人民在党的正确领导下不断奋进，沿着中国特色社会主义道路，走向民生幸福。坚定不移走中国特色社会主义道路，还要牢固树立以人民为中心的发展理念，坚持人民群众的主体地位，尊重人民群众的首创精神，从人民中汲取智慧，从人民中凝聚力量，依靠人民实现民生幸福。

第二，享有民生幸福必须坚持不懈地努力奋斗。幸福都是奋斗出来的，奋斗是实现民生幸福的根本动力，实现民生幸福必须要坚持不懈地努力奋斗。民生幸福是一项伟大的事业，伟大的事业必定有宏伟的蓝图。"我们的蓝图是宏伟的，我们的奋斗必将是艰巨的。"① 奋斗的艰巨性，意味着我们在奋斗的过程中要始终保持斗志昂扬的姿态，要有持之以恒的决心和坚持不懈的毅力。奋斗的艰

---

① 习近平：《国家主席习近平发表二〇一五年新年贺词》，习近平系列重要讲话数据库：http://jhsjk.people.cn/article/26308962，访问日期：2023年11月1日。

巨性还意味着我们要继续全面深化改革,依靠改革来坚决破除一切不合时宜的思想观念和体制机制弊端,突破利益固化的藩篱,改善市场环境和创业条件,为人民群众的努力奋斗减轻阻力。让人民群众有广阔的发展平台来施展自己的才华,用自己勤劳的双手在改革实践中创造更加幸福的生活。

第三,享有民生幸福必须下大力解决民生关切的问题。实现民生幸福最迫切的是要解决人民群众在教育、就业、收入、社保、医疗、养老、居住、环境等方面的操心事、烦心事。

一是要解决人民群众的就业问题。"就业是最大的民生",实现民生幸福,首先要解决人民群众的就业问题。解决人民群众的就业问题要双管齐下,一方面要"坚持就业优先战略和积极就业政策",通过增加就业岗位、提高劳动者职业技能以及引导劳动者自主创业等方式来拓宽就业渠道,缓解"用工荒"和"就业难"的就业结构性矛盾,为人民群众提供充足的就业机会,实现人民群众"有业可就"。另一方面要深化就业机制改革,破除妨碍劳动力、人才社会性流动的体制机制弊端,为人民群众提供更多与自身能力相匹配的工作岗位,从而更好地实现人民群众的自主择业和满意就业。

二是要提高人民群众的收入水平。劳动收入是人民群众积累物质财富的主要渠道,而物质财富又是人民群众拥有获得感和幸福感的基础。因此,要想实现民生幸福,就必须要提高人民群众的收入水平。党的二十大报告指出,"中国式现代化是全体人民共同富裕的现代化。而分配制度是促进共同富裕的基础性制度。"报告中提出,要"规范收入分配秩序,规范财富积累机制,保护合法收入,调节过高收入,取缔非法收入"。提高人民群众的收入水平,还要"拓宽居民劳动收入和财产性收入渠道",让人民群众有机会通过多种渠道、多种方式来增加自己的合法劳动收入。

三是要健全和完善社会保障体系。人民群众在医疗、居住、养老等方面的操心事和烦心事,集中表现在"看病难""养老难"和"买房难"这三大社会难题上。要想解决上述难题,实现"病有所医""老有所养"和"住有所居"的幸福画面,必须健全和完善社会保障体系。针对养老问题,我们要尽快实现养老保险全国统筹,适度加大对养老资金的投入,为实现"老有所养"提供强有力的财政保障。针对看病问题,我们要继续深化医疗体制改革,完善统一的城乡居民基本医疗保险制度和大病保险制度,切实减轻人民群众特别是中低收入阶层的人民群众看病就医的压力。针对住房问题,一方面我们要坚持房子是用来住的,不是用来炒的,加强对房地产业的社会监管力度,严厉打击各种哄抬房价的非法炒房行为,让房屋价格与经济社会的发展水平相适应;另一方面要继续加大对住房公积金的投入,依靠完善的社会保障体系来增强人民群众的购房能力。

四是要满足人民日益增长的文化需要。满足人民过上美好生活的新期待,必须提供丰富的精神食粮。因此,我们要继续加强社会主义文化建设,大力发展社会主义文化事业和文化产业。要发展社会主义文化产业,就要全面深化文化产业改革,切实提升文化产品的质量,为人民群众提供更多更优秀的出版、影视和电视作品,满足人民群众对文化产品的新期待。对于发展文化事业而言,要重点发展教育事业。"努力让每个孩子都能享有公平而有质量的教育",实现优质教育资源的共享,满足人民群众渴望获得更好的教育的愿望。让人民群众都能有机会通过接受先进的教育,来获得相应的知识,从而有能力去实现自己的理想,过上幸福的生活。

五是满足人民日益增长的对良好生态环境需要。要想打造优美的生态环境,满足人民对生态环境的新期待,首先要继续加强生态文明建设,加大对生态系统的保护力度,着力解决突出的环境问题。打造优美的生态环境,还要实现绿色发展。这也是打造优美生态环境,建设美丽中国的关键所在。实现绿色发展,要求我们在经济建设的过程中要遵循"尊重自然、顺应自然、保护自然"的发展要求,通过大力发展绿色科技,推广使用清洁技术、新能源以及新材料等绿色生产技术,来减轻在生产过程中对生态环境所造成的破坏。实现绿色发展,还要求我们要大力宣传绿色发展理念,促使全

社会养成绿色的生产生活习惯，人人都为保护生态环境贡献自己的一份力量。

六是要满足人民对民主法治公平正义的新期待。实现民生幸福，不仅要满足人民群众的物质文化需要，还要满足人民群众在民主、法治、公平、正义等方面的新期待。因此，我们要继续完善"党委领导、政府负责、社会协同、公众参与、法治保障"的社会治理体系，不断促进社会的公平正义。让人民群众充分感受到中国特色社会主义道路在民主、法治、公平、正义等方面的优越性，满足人民群众对民主法治公平正义的新期待。

七是要保障人民群众的生产和生活安全。安全是保障人民群众生命健康不受侵害的前提，也是实现民生幸福的必然要求。人民只有在安全的生产和生活环境中，才能快乐地享受新时代带来的幸福生活。保障人民群众的生产安全，必须树立安全的生产理念，完善安全生产责任制，坚决遏制重特大安全事故，为人民群众提供安全的生产环境。保障人民群众的生活安全，则要从与人民群众日常生活息息相关的衣、食、住、行等多方面来入手，保证人民群众享有舒适的衣料、放心的食品、坚固的住房和安全的出行工具。

第二节　容蓄福建特色文化

福建拥有丰富的"福"文化资源，福州、福清、福安、福鼎等多个地名都与"福"字有不解之缘，在打响福建"福"文化品牌上具有独特优势。

一、容蓄福建特色民俗文化

闽山苍苍，闽水泱泱，福建自古人杰地灵、钟灵毓秀。历次中原移民南迁给福建带来了形形色色的中原文化，并在福建得以传承。通过海上丝绸之路传来的异域文化也在福建滨海地区生根开花。山海交融，构成了内涵丰富的福建民俗文化。福建的海洋文化、朱子文化、客家文化、妈祖文化、船政文化、闽南文化、畲族文化、红色文化等多姿多彩，形成福建特色文化的"富矿"，这种在特定环境中形成的文化资源构成了福建文化产业的竞争优势。

第一，秉承方言文化。闽文化内部地域特色迥异，福建文化的多样性被投射在方言上。福建占有全国境内汉语方言类型的七分之五，地区最显著的特征之一是方言。方言是地方文化的代表，在历史长河中与诸多学者作家的思想精神相融合。例如，鲁迅作为现代乡土文学的开创者之一，其文学作品中随处可见绍兴方言的痕迹；张爱玲的作品采用了吴地方言，老舍的文学作品透着京腔，语言大师林语堂的作品不少体现了福建漳州的闽南方言。家乡方言为他们的优秀作品赋予了独特的魅力。

精美的闽南童谣绘本

第二，发展闽侨文化。福建侨刊乡讯已发展到近130多家。其中，《福建侨报》发行面覆盖14个国家和地区，年发行量超过600万份。"闽侨书屋"自2011年以来已在美国、南非、捷克、匈牙利、阿根廷、丹麦、菲律宾等七个国家落成，福建新华书店在五大洲设立了14家海外分店，以满足广大海外华人华侨对福建文化的需求。截至2022年，"亲情中华"艺术团到十多个国家和地区慰侨演出39场，观众达20多万多人次，深受海外闽籍乡亲的欢迎和喜爱。2015年开始实施的"海外中餐馆推介福建文化"项目，现已拓展到美国、澳大利亚、新西兰、西班

近代福建民间侨批

牙、泰国等国50多家中餐馆。海上丝绸之路国际艺术节赴海丝沿线20多个国家表演，形式内容涵盖舞蹈、书画、摄影、文学等。大型舞剧《丝海梦寻》到海上丝绸之路沿线国家和地区巡演，深受各国人民欢迎。"丝路帆远"图片展赴东盟15个国家巡展；"海丝情·桑梓梦"赴东南亚各国巡演。福建各地祖地宗亲文化合作不断深化，开展了姓氏谱牒、宗祠祖庙、民间信俗、戏剧曲艺、民俗风情和侨批信函等各种形式的宗亲文化交流。当前，以朱熹、严复、林语堂、冰心等福建名人为主题展开的各种文化交流方兴未艾。

第三，融合闽台文化。闽台文化交流合作依托两岸共同的文化根基，全方位、多层次密集展开，论坛展会、影视交流、民俗节庆、恳亲续缘、族谱对接、文学文艺交流工作不断发展。"妈祖之光"大型电视晚会自2006年以来，连续十年到台湾地区举办，获评全国"走出去"工程十周年优秀节目。金门书展曾连续六年被原国家新闻出版广电总局等五部委认定为"国家文化出口重点项目"。民间信俗节日，如妈祖文化节、陈靖姑文化节、郑成功文化节、关帝文化节、清水祖师文化节等，成为台湾同胞、海外侨胞沟通亲情乡谊的重要平台。传统戏剧更是闽台民间交流的桥梁。莆仙戏在台湾中部地区普及，闽南传统戏剧扎根台湾南部地区。

两岸妈祖信众参与妈祖巡境活动

第四，激活宗教文化。千百年来，宗教文化作为中国传统文化的重要组成部分，在信众的精神生活中发挥着一定作用，对社会的精神文化生活产生一定影响。宗教在漫长的发展历程中，留下了浩繁的书籍、绘画、建筑等宝贵遗产。它们跨越历史时空，传承着深厚的宗教文化传统。福建民间信俗众多，庙宇林立。福建许多著名的宗教寺观都建在风景秀丽的山水之间，名山胜迹珠联璧合，成为观光佳处。只要认识其价值，发挥其作用，规划其发展，安排好活动，便能引导信众除恶扬善、弃丑向美、缓解矛盾、稳定社会。许多以祭祀、祈福、节庆等为内容的宗教礼仪和世俗社会文化的结合，也能吸引世界眼球，为福建宗教文化发展孕育新鲜特色。

二、容蓄福建特色海丝文化

当今社会处在一个全球化的时代，世界各个国家、各个民族的联系日益密切，各种思想文化的交流、碰撞与融合不断加深。2013年，习近平总书记提出共建"丝绸之路经济带"和"21世纪海上丝绸之路"的国际倡议。作为人类文明史上的伟大创举，海上丝绸之路承载着两千年来东西方之间经济文化的交流，孕育了独特的海丝文化，奠定了近现代文明繁荣的基石。海上丝绸之路不仅是一条联通东西方国家的海上交通航线，更是一条世所罕见的推动东西方文明交流对话的海上文化大通道。

第一，传承海丝文化的悠久历史。福建地处中国东南沿海，东临太平洋。海域面积约13.6万平方千米，天然良港颇多。福建凭借"东南福地控海咽喉"的天然优势，在历史上就成为国内外海外贸易的枢纽，并由此成为海上丝绸之路的起点。福建的海丝文化历史悠久、原创性强。福建是船政文化、茶文化、航海技术等传统文化和传统技艺的萌发地，具原创性和历史性。并且，福建海丝文化存续时间长。自唐代中期至五代，福建就一直都是"海上丝绸之路"的重要港口城市和经济、文化中心。此外，福建海丝文化传播广泛。明代郑和七下西洋，除了进行贸易，还将妈祖文化传播至海外。可以说，福建的海丝文化包含了陶瓷、丝绸、茶叶、海港建设和海洋交通等商贸文化资源，佛教、伊斯兰教、基督教等宗教文化资源，以及带有海洋性特征的陈文龙、张真君、拿公等民间信俗文化资源。此外，伴随海上丝绸之路的发展，福建民间艺术文化和饮食文化也传播至海外，这些也是福建海丝文化的重要组成部分。

第二，扩大海丝文化的地缘优势。福建位于东海与南海的交通要冲，是中国与欧亚非各国之间商业往来的重要通道，具有较强的海域优势，同时又是较早对外开放的省份，具有独特的对外交流优势。福建历史悠久、人文荟萃，文化底蕴深厚、多元交融，展现出独有的世界性、开放性与包容性。此外，福建是著名的侨乡，历史上有众多乡民侨居海外，华人华侨分布广泛，迁居海上丝绸之路沿线国家者尤多，形成了一个以东南亚华人为主体的巨大的商业网络和文化网络，具有一定的世界性影响。

福建在历史文化积淀、经济发展水平、侨务资源、政策支持等方面存在突出优势，在全国对外开放全局中的地位显著。党中央做出一系列支持福建加快发展的重大决策部署，赋予福建多区叠加、先行先试的政策优势。厦门经济特区、平潭综合实验区、中国（福建）自由贸易试验区、21世纪海上丝绸之路核心区、福厦泉国家自主创新示范区、国家生态文明试验区相继落地福建。福建要充分发挥国家赋予的政策优势，积极融入"一带一路"建设，坚持"走出去"与"引进来"相结合，进一步深化改革开放，扩大经济文化交流，尤其要积极推进与"一带一路"沿线国家和地区的经济文化交流，以开放促改革、促发展、促创新。

第三，打造海丝文化的特色品牌。习近平总书记指出，"文运同国运相牵，文脉同国脉相连"，这一论述为我们凭借优秀文艺作品传播海丝文化提供了指南。文化是一座城市的灵魂，独具特色的文化彰显一座城市与众不同的魅力。近年来，福建主动担当传播海丝文化重任，深入挖掘福建海丝文化资源，推出了一批代表行业的文化活动、文化展览、文化作品。作为海上丝绸之路重要港口，福建近年来不断梳理历史文脉，尝试在城市设施规划、港口建设中构建海丝历史城市印记，重塑关于海丝历史的共同记忆。2020年，福州成立了海上丝绸之路史迹保护研究中心，发布了海上丝绸之路史迹保护条例。2019年底，福州市委托清华大学团队启动"福州市海上丝绸之路文化遗产申报世界遗产策略研究"，编制实施《福州市海丝史迹保护和申遗三年行动方案》，系统规划并推进落实申遗工作。同时注重海丝文化保护与活力提升，2016年以来，福州市财政累计投入近3000万元用于海丝史迹点保护修缮和相关文物展陈宣传，相关县（市、区）财政投入1400多万元，对海丝史迹点周边环境进行整治和提升。

第四，讲好海丝文化的福建故事。在海丝文化主题宣传方面，近年来，福建延续着"东进南下、沿江向海"的建设发展战略，打出了"海丝门户，有福之省"的口号。自2015年举办第一届"海丝国际旅游节"以来，福建入境旅游人数从2015年的96.62万人次，增长到2019年的173.40万人次，增长79.5%；旅游外汇收入从2015年的12亿美元增长到2019年的22.06亿美元，增长了83.8%。同时，还建设了"福建省世茂海上丝绸之路博物馆"，利用科技手段更立体、更有趣味地向公众传播海丝文化。

福州海上丝绸之路史迹——罗星塔

新媒体时代，媒体格局、传播方式发生深刻变化，人们的生活方式发生革命性改变。讲好福建海丝文化故事，需要在理念、内容、形式、手段等方面进行大胆创新，实现多形式、有实效的传播，扩大影响力。近年来，福建还积极尝试融媒体、全面覆盖式的传播方式，例如在推广"e福建"APP（应用程序）的过程中，充分利用微信公众号、公交媒体等各种资源进行普及性的广告宣传，同时正逐步让海丝文化走进中小学课堂，编写福建海丝文化校本教材，使广大青少年能熟知海丝故事，传承海丝精神。

三、容蓄福建特色艺术文化

福建特色艺术文化历久弥新，有着独特的地域特征，在中华民族传统文化中占据着无可取代的地位。党的十九大报告指出，没有繁荣兴盛的文化，没有高度的文化自信，就没有中华民族伟大复兴。只有做好传统文化在现代社会的创造性转化和创新性发展，福建的"福"文化才会更有活力，更有生命力，更有影响力。

第一，传承福建非遗文化。福建拥有丰厚的非遗资源，有大批国家级和省市级非物质文化遗产，品类众多、各具特色。无论是形式多样的口头文学、美术、书法、戏曲、陶瓷等传统技艺，还是丰富多彩的传统礼仪、节庆、游艺等民俗活动，都广泛包含有迎福、接福、纳福、惜福等为人喜爱的"福"文化生活主题。首先，要让"福"文化给非遗插上腾飞的翅膀，核心要义就在于创新。不仅非遗需要创新性传承，"福"文化也必须创新性发展，这个插翅腾飞的过程，就是"福"文化和非遗互相激荡共同创新的双赢过程。其次，"福"文化发展还要接驳新平台、新业态。当今世界，平台经济、数字经济方兴未艾，为"福"文化提供了广阔的创新空间。例如福建兴业银行推出的"五福书法"福文化数字藏品（NFT），是全省金融行业首款"福"文化数字艺术藏品，在"福州兴生活"微信小程序亮相，拓展了"福"文化创新模式。再次，"福"文化还要形成产业链规模化。一枝独秀不是春，百花齐放春满园。一枝独秀后，要总结成功经验，形成可复制的创意模式，带动更多非遗产品创新开发。同时，可以在不同品类、不同项目的非遗中找到彼此的互补性和关联性，打造成"福"文化非遗文创产业链。比如"2022中国·福州新春文化旅游月"活动与福州漆艺以及德化陶瓷、建盏、茶叶，包括数字艺术藏品等进行了融合创新，形成了一批集艺术性、收藏性与实用性于一体的"五福"文创产品，获得不同消费群体的好评。

第二，光大福建戏曲文化。福建地方戏曲种类丰富多样，主要包括有木偶戏、高甲戏、梨园戏、梅林戏、歌仔戏、莆仙戏、南音和芗剧等，其中最具代表性的闽西汉剧、南音、歌子戏、泰宁梅林戏等已纳入国家非遗名录。一方面，要大力保护和传承地方戏曲，尽可能地保留戏曲传统风貌，保存好地方戏曲音乐的曲谱、表演程式以及音乐唱腔等核心元素；另一方面，还要借助新技术及创新艺术形式，对其进行适当改编，在彰显戏曲传统文化的基础上，以新的形式来满足公众的审美发展需求。此外，还可以将旅游业和地方戏曲有机融合，大力开发地方戏曲特色旅游资源，更好地传播和传承地方戏曲，并打造出独具特色的福建戏曲文化旅游模式。在这个过程中，地方政府要发挥带头作用，对地方人文景观、本土戏曲文化进行整合，树立起戏曲文旅品牌形象，提高福建传统戏曲对国内外游客的吸引力，以戏曲文化拉动经济发展，实现福建地方戏曲音乐的振兴和创新式发展，使福建地方戏曲文化重新绽放风采。

第三，打造福建工艺文化。福建传统工艺精湛，其特色产业在全国独树一帜。如莆田的木雕业、玉雕业、仿古家具业、工艺油画业，以及泉州的石雕业等，这些产业在全国同类产业中占有重要地位，具有很大的影响力，也具有很大的发展潜力。首先，要加强工艺美术非物质文化遗产项目的保护性开发，推动艺术设计产业转型升级。提升工艺技术自主研发能力和科技创新水平，使德化陶瓷、福州漆艺、仙游古典工艺等一批行业技术机构的研发水平和创新服务能力得到显著提升。其次，还要支持省创意设计中心的建设，加快传统工艺美术与创意产业、电子商务的融合发展。推动专业工艺产品的市场化发展，做强做优德化陶瓷产业园区、崇武石雕工艺博览园、中国古典工艺博览城、闽东民俗文化工艺博览城、上杭黄金珠宝创意产业园等园区，打造一批在全国具有影响力的工艺美术展销贸易平台，使之成为福建文化产业发展的重要平台和载体。

第三节　展现中国特色社会主义文化

中华优秀传统文化包罗万象，蕴含着丰厚的哲学思想、人文价值、道德观念和行为规范等，其中蕴藏着解决当今人类发展面临难题的历史经验和重要启示，为新时代治国理政提供了有益启迪和巨大启发。习近平总书记在党的十九大报告中指出："中国特色社会主义文化，源自于中华民族五千多年文明历史所孕育的中华优秀传统文化，熔铸于党领导人民在革命、建设、改革中创造的革命文化和社会主义先进文化，植根于中国特色社会主义伟大实践。""福"文化源自中华传统文化，充盈着"浓郁的中国味、深厚的中华情、浩然的民族魂"。

一、呈现中国特色社会主义文化鲜明品格

第一，鲜明的人民性。中国特色社会主义文化始终秉持以人民为中心的导向，坚持文化发展为人民服务的价值取向。不论是在哲学社会科学研究方面，还是在社会主义文艺建设发展方面，都坚持以人民为中心作为根本导向，坚持把人民的需要作为根本价值指向。党的十九大报告指出，社会主义文艺是人民的文艺，必须坚持以人民为中心的创作导向，在深入生活、扎根人民中进行无愧于时代的文艺创造。坚持人民立场，坚持文化建设的人民性，让人民群众能够共享文化发展成果，这是中国特色社会主义文化建设的核心特质和品格。

第二，鲜明的时代性。中国特色社会主义进入新时代，我国发

展进入新的历史阶段，我国文化建设也面临着新形势、新任务和新实践。当前我国社会正处在思想大活跃、观念大碰撞、文化大交融的时代，出现了不少问题。其中比较突出的一个问题就是一些人的价值观出现偏差。在此背景下，中国共产党创造性地提出用社会主义核心价值观凝心聚力，这是加快构建充分反映中国特色、民族特性和时代特征价值体系的重大举措，有助于夯实中国特色社会主义的思想道德基础。当今世界，文化逐渐成为国际竞争力的核心因素之一，我们必须把新时代增进对外文化交流，提升国家文化对外传播力作为提高国家文化软实力的重要内容，要讲好中国故事，传播好中国好声音，积极争取国际话语权。

第三，鲜明的民族性。习近平同志在纪念孔子诞辰 2565 周年国际学术研讨会暨国际儒学联合会第五届会员大会开幕式上指出："无论哪一个国家、哪一个民族，如果不珍惜自己的思想文化，丢掉了思想文化这个灵魂，这个国家、这个民族是立不起来的。本国本民族要珍惜和维护自己的思想文化。"纵观人类历史，任何一个国家和民族的强盛都是以文化兴盛作为重要支撑的，在实现中华民族伟大复兴中国梦的征途上更需要从中华文化中汲取力量和智慧。所以，只有在延续民族文化血脉中开拓前进，才能做好我们的事业，才能实现中华民族伟大复兴。将"福"文化发扬光大，正是坚持不忘传统，守护文化民族性，不断激活中华民族文化生命力、增强其影响力和感召力的历史选择。

二、体现中国特色社会主义文化前进方向

第一，坚定中国特色社会主义文化自信。"文化自信，是更基础、更广泛、更深厚的自信，是更基本、更深沉、更持久的力量。坚定文化自信，是事关国运兴衰、事关文化安全、事关民族精神独立性的大问题。"2014 年 10 月 15 日，习近平在全国文艺座谈会上把增强文化自觉和文化自信补充为"四个自信"的重要内容。习近平指出，"中华民族生生不息绵延发展、饱受挫折又不断浴火重生，都离不开中华文化的有力支撑。中华文化独一无二的理念、智慧、气度、神韵,增添了中国人民和中华民族内心深处的自信和自豪"。所以,要深刻认识中华民族素有的文化自信和气度,要善于从博大精深的中华优秀传统文化中汲取力量和智慧,要对中华文化理想和价值、生命力保持高度信心。要牢牢把握社会主义先进文化前进方向,勇于进行文化创造、推动文化进步,努力做到以坚定的文化自信建设文化强国,在建设文化强国中不断增强文化自信。

第二,繁荣发展中国特色社会主义文化事业。鲜明的人民性是中国特色社会主义文化的核心特质和品格。习近平指出,"能不能搞出优秀作品,最根本的决定于是否能为人民抒写、为人民抒情、为人民抒怀"①。毫无疑问,这就是我国社会主义文化的立场和出发点,深刻表明了我们应以什么样的立场和初衷去发展文化。人民群众是党的力量源泉,人民立场是党的根本政治立场,所以,要深刻认识到社会主义文化是人民的文化,必须坚持以人民为中心的导向创作生产文化产品。坚持文化惠民导向,特别是要在健全完善各类文化产品的创作、生产和管理体制上下功夫,在建立健康向上的文化价值观念、现代科学的文化理念上下功夫,切实提升公共文化服务效能,大力推进城乡文化服务一体化建设,完善公共文化服务体系。

第三,提高中国特色社会主义文化软实力。习近平多次指出:"核心价值观是文化软实力的灵魂、文化软实力建设的重点。这是决定文化性质和方向的最深层次要素。一个国家的文化软实力,从根本上说,取决于其核心价值观的生命力、凝聚力、感召力。"它关系到社会大局的和谐稳定,关系到国家发展和长治久安。当前,世界百年未有之大变局进入加速演变期,国际环境日趋复杂,思想文化的力量作用会更加凸显,这就更加要求我们构筑起强大的价值

---

① 韩业庭、李苑:《把最好精神食粮献给人民》,《光明日报》2015年3月10日01版。

共识、精神理想，提升文化软实力。社会主义核心价值观是我国各族人民共同的价值追求，那么无疑，它就是当代中国文化软实力的根本所在。所以弘扬和践行社会主义核心价值观，既是坚持中国特色文化发展道路的根本立场所在，又是其重要的价值支撑。在具体实践路径上，就是要充分发挥社会主义核心价值观在整个国民教育体系、全社会精神文明创建中以及公共文化产品创作生产传播过程中的价值引领作用，坚持把教育引导、实践养成、制度保障相结合，将社会主义核心价值观转化为人们的情感认同和行为习惯。同时，在国际社会上，要树立和塑造好中国形象，要"传播好中国声音，讲好中国故事，向世界展现一个真实的中国、立体的中国、全面的中国"。

三、推进中国特色社会主义文化建设实践

第一，推进"发展为了人民"的落实。发展中国特色社会主义文化，要坚持以人为中心，落实"发展为了人民"的归旨。正如习近平总书记所言："以人民为中心，就是要把满足人民精神文化需求作为文艺和文艺工作的出发点和落脚点，把人民作为文艺表现的主体，把人民作为文艺审美的鉴赏家和评判者，把为人民服务作为文艺工作者的天职。"[①] 中国文化发展要实现新的飞跃，就是要坚持把"发展为了人民，发展依靠人民"作为中国特色社会主义文化发展的根本。只有以广大人民群众日益丰富的精神文化需求为导向，以人民群众对美好生活的向往为奋斗目标，才能持续推动中国特色社会主义文化发展。只有切实保障人民群众的文化享有权，才能使人民群众文化需求得以不断满足。"发展为了人民"就是要求我国社会主义文化快速发展，把满足人民群众追求美好生活过程中

---

① 《习近平在文艺工作座谈会上讲话（全文）》，人民网：http://culture.people.com.cn/n/2014/1015/c 22219—25842812.html，访问日期：2023年11月1日。

所产生的文化需求作为发展的"小目标"。

在新时代推进中国社会基本公共文化服务发展完善的进程里，要广泛收集人民群众对文化发展的意见和需求，以人民群众的需求作为我国公共文化生产的目标和导向，推动中国特色社会主义文化的深化与发展。因为文化事业和文化产业是文化传播最重要、最直接的载体，是推进我国社会主义文化发展最重要的途径，所以要充分发挥文化事业和文化产业在文化发展过程中的作用。在我国社会文化事业和文化产业发展与完善的过程中，以文化事业和文化产业为重要的抓手，着力提高文化服务和文化供给能力，不断满足中国最广大人民群众的文化消费需求，以文化产品的消费为驱动力，提升文化生产与供给的生机与活力，从而使中国特色社会主义文化更加深入人心，进一步强化我国文化的发展。

第二，推进社会主义文化体制创新。促进我国文化体制机制的创新，是不断激发中国特色社会主义文化发展活力，摆脱文化发展束缚的重要手段。只有通过文化体制创新来不断突破中国文化发展的屏障，才能不断促进我国社会主义文化的繁荣，进一步为新时代中国特色社会主义文化强国建设提供强有力的制度保障。从我国改革开放的历程与结果来看，现阶段我国文化体制发展仍然存在一些问题和矛盾。例如文化管理现阶段多是以行政管理为主，导致文化发展活力不足。市场经济主导下，文化市场秩序混乱，文化监管不到位等问题，都严重影响着中国特色社会主义文化的发展。然而，要持续激发我国文化发展活力，摆脱制约文化发展的束缚，就要通过不断深化我国文化发展体制机制的改革，进一步完善我国文化产业体系才能够实现。必须以社会主义文化的繁荣与发展作为推动我国文化体制机制改革的根本出发点，牢牢把握正确的社会主义先进文化发展方向，不断提升文化体制改革效率，建立科学系统的文化管理与运行机制，才能够助推中国特色社会主义文化的新发展。

要进一步完善和发展文化管理与运行的体制机制，首先文化管理部门要进一步梳理清楚各文化单位之间的关系，逐步实现文化管理由行政管理向引导约束转变。进一步推动文化发展市场化倾向，打破原有体制束缚，通过不断增强文化市场监察力度、规范市场行为的方式来理顺文化市场运行秩序，从而引导文化事业和文化产业的发展进入一个较为良性的循环，为进一步提高我国社会主义文化的发展质量和效率提供基础。其次，要不断完善文化市场体系，建立良性有序的市场运行新局面。通过鼓励文化创新来不断丰富文化产品市场。要积极地探索文化产品流通和组织新形式，加强文化市场综合执法力度和文化市场执法体制改革力度，整合现有的文化管理资源。

第三，推进中国特色社会主义文化走向世界。只有在面向世界，不断深化开放的进程中，才能深刻地展现我国社会主义文化的魅力，进而实现中国特色社会主义文化的发展。未来，中国特色社会主义文化能否深化发展，就取决于中国特色社会主义文化在面向世界发展之时能否保持"引进来"和"走出去"并重，以昂扬的姿态展现中华文化的风采。

中国特色社会主义文化发展要面向世界，主动融入世界文化发展大格局。纵观世界文明发展的历程，我们不难得出这样的结论，即一个文明体在发展与扩张的时期都是处于文化开放的状态，只有在文化衰落之时，才会进入以自我为中心的保守与封闭之中。纵观中华文化发展的历程，我们不难看出，中华文化自古以来就包含着"包容和开放"的文化胸襟与特质。中华文化开放的特质曾经使中华文化走向辉煌，在世界文明史中写下了厚重的一页。然而，开放并没有一直保持。中华文化也曾因封闭保守、坐井观天而逐渐衰落。自改革开放以来，在中国共产党的领导下，中国的社会主义文化始终秉持开放包容的发展理念，以开放的姿态迎接多元文化的交流，在仔细甄别之后吸收借鉴外国的优秀文化成果，从而迎来了高速发展的时期。未来，我国社会主义文化发展也要继续秉持开放的思维，以高度的文化自信来推进具有中国特色的社会主义文化与世界各国文化的交流与互鉴。以"扬""弃"的姿态对待外来文化，成为未来中国特色社会主义文化发展的必然选择。

深化开放也并不意味着单纯地学习外国文化，而是在坚定中国特色社会主义文化自信的基础之上，通过吸收国外优秀文化成果来建构中国优秀文化的话语体系，增强中国文化的国际影响力。中国特色的社会主义文化发展就是要在"引进来"和"走出去"的过程之中，积极地构建与我国综合国力相适应的文化话语体系，发出中国声音，为世界提供中国文化视角。要坚持和而不同、合作共赢的发展方针，为人类探索现代化的国家合作与发展道路积极贡献中国智慧；要在积极推进人类命运共同体构建的过程中，为人类建立更加文明的国际发展秩序提供中国方案。中国特色社会主义文化发展就是要以"面向世界、深化开放"的态度，在取长补短的过程当中增强中国文化软实力，从而实现建设社会主义文化强国的目标。

第三章 "福"文化的多重样态

"福"文化作为中华优秀传统文化的组成部分，在人类发展的历史长河中，历经一代代传承与发展而延续了几千年，根底深厚，寓意深远。"福建见福"，"福"文化根植于福建的山水中，也渗透到福建人民生活的点点滴滴中。"福"文化既有物质的形态，也有精神的形态，既有历史的传承，也有当代的新形态。福建先贤哲人的人文思考、思想精髓，福建的秀美山川、特色建筑、民俗礼仪、精美工艺、戏剧曲艺等，都是"福"文化的历史产物。进入新时代，"福"文化不但被赋予了当代的阐释，也产生了更加丰富的呈现形式。"福"元素融入了饮食产业、文旅产业、工艺产业中，拓宽了产业发展的道路，助推福建经济的高质量发展。"福"文化广泛传播才能扩大"福"文化的社会和经济效应，当前除了传统的节日传播、文学传播、教育传播渠道外，新兴的新媒体传播正在成为"福"文化传播的重要方式之一。除此之外，公益活动也加速了"福"文化的渗透力和影响力。

第一节 "福"文化资源样态

一、"福"文化遗产

福建是文化遗产大省，文化遗产资源丰富，而且品种齐全，特色鲜明，为"福"文化在各个领域的发展与传播提供了坚实的基础。

1. 福建省文化遗产概况

作为全国唯一以"福"字命名的省份，福建拥有丰富的文化遗产。福建省有四处名胜被列入《世界文化遗产名录》，即"武夷山""福建土楼""鼓浪屿：历史国际社区""泉州：宋元中国的世界海洋商贸中心"；还有海上丝绸之路、三坊七巷、闽浙木拱廊桥、闽南红砖建筑、万里茶道五个项目被列入《中国世界文化遗产预备名单》。福建省的世界遗产数量排在全国的第二位。福建文物局的数据表明：福建全省已登记的不可移动文物数量众多，其总量位居全国前十。福建省拥有不少全国重点文物保护单位、国家历史文化名城、中国历史文化街区、中国历史文化名镇名村、国有行业博物馆等，其中国有博物馆103家，5家属于国家一级博物馆，20家国家二级博物馆，20家国家三级博物馆。福建省在考古方面也取得了较好的成就：三明万寿岩遗址、浦城猫耳山商代窑址、浦城管九村土墩墓、漳平奇和洞遗址、永春苦寨坑窑址等五个考古项目分别于2000年、2005年、2006年、2011年、2016年入选"全国十大考古新发现"。万寿岩遗址、武夷山城村汉城遗址、三明明溪南山遗址、德化窑遗址以及万里茶道、明清海防等6个考古项目项被列入国家"十三五"期间重要大遗址，而万寿岩考古遗址公园更是著名的国家考古遗址公园。

福建省拥有丰富的非物质文化遗产资源，确立了四级非物质文化遗产名录体系，"送王船"项目被列入联合国教科文组织《人类非物质文化遗产代表作名录》，全省有8个项目入选联合国教科文组织的非遗名录（名册），是我国迄今在国际非遗保护三个系列（《人类非物质文化遗产代表作名录》《急需保护的非物质文化遗产名录》《保护非物质文化遗产优秀实践名册》）上获得"大满贯"的唯一省份。全省共有国家级非遗代表性项目145项、非遗代表性传承人143人、文化生态保护（实验）区2个。

福建文化遗产数量概况

项目	分类	数量	项目	分类	数量
文物	不可移动文物	33251	博物馆	国有	103
	可移动文物	46922		非国有	42
历史文化名城	国家级	4	历史文化街区	国家级	4
	省级	5		省级	31
历史文化名镇名村	国家级	76	传统村落	国家级	492
	省级	124		省级	543
文物保护单位	全国重点	169	世界文化遗产	现有	4
	省级	941		预备名录	5
	市县级	5100	水下遗存		50

2021年，福建省发布了十三项文化标识，古田会议旧址、林则徐、郑成功、妈祖信俗、朱熹、闽茶、德化白瓷……每一项都彰显着闽地文化特色。这些流传深远、底蕴深厚的优秀文化资源，共同形成了福建富有本土特色而又丰富多彩的文化。

福建作为文化遗产大省，文化资源丰富，特色鲜明。这是中华优秀传统文化在福建传扬和发展的文化印记。具有鲜明地域特色的福建"福"文化是在中原文化的基础上与古闽越文化、海洋文化的互动交融中形成的，充分彰显了中华文化的伟大生命力和创造力，具有独特的地位和价值，并在诸多领域中得以体现。

在工艺美术领域：福建拥有众多享誉全国乃至全世界的手工技艺，例如福州脱胎漆器、寿山石雕、软木画，泉州青石雕、木偶头雕刻、艺术陶瓷，莆田木雕、古典家具，漳州刺绣、木版年画，南平建盏、剪纸，龙岩竹编竹刻、连史纸，宁德银首饰，厦门漆线雕等。

在建筑领域：福建的建筑特色多元化，体现了福建的地方特色与传统文化的相互融合。形成于宋元时期的生土建筑艺术杰作——福建土楼，是世界上独一无二的山区大型夯土民居建筑，已于2008年被正式列入《世界遗产名录》。福建的另一特色建筑闽南红砖大厝建筑被列入《中国世界文化遗产预备名单》。福建还有中国长江以南现存最古老的木结构建筑物——福州市华林寺大殿等90座建筑或建筑群被列入全国重点文物保护单位。近年来，承载着古城气韵的福州古厝声名鹊起，作为闽都文化特色的古厝建筑成了福建保护文化遗产、传承历史文脉的典范。前世说不尽，今生更出彩，福州古厝携着两千多年的历史岁月和人间烟火，牵着未来，氤氲出人间岁月长。

在戏曲领域：福建戏曲这颗璀璨的明珠在传承与创新中熠熠生辉。福建省是戏曲大省，可以说是中华戏曲文化家庭中一颗极具地方特色的明珠，现存的地方剧种多达20多种，其中以闽剧、莆仙戏、梨园戏、高甲戏、芗剧（歌仔戏）、傀儡戏最为出名。

在宗教信俗领域：福建被称为"世界宗教博物馆""千神之省"，从闽越族的图腾崇拜，到汉唐道教兴起，再到外来信仰文化的传入，福建以包容的姿态吸纳各种宗教文化。佛教、道教、伊斯兰教、基督教都较早就开始在福建传播，并且有着比较广泛的影响。民间信俗也是福建文化中不可分割的一部分。各种不同的信俗文化同存共荣，造就了福建多元的宗教文化特色。福建民间信奉的神灵有千余种，各种与民间信俗相关的文化活动，也是中华传统文化的体现。

在文化教育领域：福建历代尚学之风十分浓厚，是一个科举大省，历代进士人数近11000人。单单宋代，福建的进士就多达6000多人，这在当时全国约29000人的进士及第者中占有较大的比重。据统计，福建历代共产生文状元46位，平均年龄33岁，最年轻的18岁。福建涌现出一大批历史名人，如民族英雄郑成功、林则徐，思想家朱熹、李贽，历史学家郑樵、袁枢，文学家柳永、刘克庄，翻译家严复、林纾等杰出人物，他们在学术思想、教育、文学艺术、科技、历史、地理等领域做出了重要贡献，对中国历史文化产生过重大影响。

在海航领域：福建一直以来都是中外经贸交流的前沿阵地。福建的先民是古代海上丝绸之路的重要推动者，也曾是代表中国维护海上贸易主权的重要力量。福建利用其特有的地理环境开展了丰富的海洋实践活动，并且从未停止。在大量的海洋实践中，福建形成了独特的海洋文化。世界文化遗产"泉州：宋元中国的世界海洋商贸中心"是海洋商贸文化的杰出代表。福建先民在从事海洋活动的过程中不但创造了先进的造船与航海技术，也涌现出了许许多多的英雄人物，并在此基础上形成了郑成功文化、妈祖信俗等非常丰富、生动、独特的海洋历史文化和人文资源。

在红色文化领域：福建是革命老区，是原中央苏区的核心区域和主要组成部分，是老一辈无产阶级革命家领导伟大革命斗争的主要实践基地。福建革命老区的人民也为此做出了不可磨灭的贡献。福建的红色文化就是在福建这块革命热土上孕育出来的，全国重点文物保护单位——古田会议遗址是红色精神的象征，是红色理论的重要发祥地，见证了革命先辈浴血奋战夺取革命胜利的艰辛历程，见证了中华文明百炼成钢、砥砺前行的蜕变升华。福建的革命遗址遗迹、革命文物、红色主题的各类纪念馆等红色资源在国内乃至全世界具有特殊的不可代替的地位。

2. 文化遗产中孕育着"福"文化

福建的文化遗产是"福"文化发展的历史印记，在异彩纷呈的历史文物中、别具一格的地方建筑中、古朴厚重的文化遗址中、多姿多彩的非物质遗产中，都富有深厚的"福"文化元素。

（1）历史文物里的"福"文化

福建省是一个文化遗产大省，历史文物是重要的文化遗产之一。历史文物能够折射出古代老百姓在生活和精神的方方面面，包括价值观和精神追求。自古以来，中华民族是一个崇尚福、追求福的民族，中华儿女向往的是"有福气"的生活，那么古代人民认为有福气的生活是什么样的呢？中国的祝福语里面充满了人们对幸福生活的期待，比如风调雨顺、国泰民安、五谷丰登、安居乐业等，这种期盼具体到百姓的生活中，可能就是院里喂鸡、圈里养猪、水

中有鸭、池塘有鱼、耕田有牛、山坡有羊……这些美好的生活理想和价值观最终都融汇到"福"文化的澎湃潮流中。不仅如此，人们在日常生活或传统节日举办相应的民俗活动来表达对"福"的向往和追求。在历代文物上不难发现人们生活中的这种"福"文化印迹。福建的历史文物中也处处彰显着福建人民追求幸福生活的印记。例如，1975年出土于福州仓山黄昇墓的南宋黑色纡胎葵形漆奁盒，装有铜镜、粉盒、粉扑等33件化妆用品。宋代女性妆容追求淡雅之美，眉、唇、耳等面部化妆样式精致繁多，反映出宋代士人阶层雅趣的生活状态以及生活富足之"福"和平安居之"福"。

（2）历史建筑上的"福"文化

人们对于"福"的喜爱和追求还体现在历史建筑上。在古代建筑上，"福"字装饰元素不可或缺。在我国古代，无论是民间的普通老百姓还是富裕的王室贵族，都喜欢在门上、窗户上或者墙壁上雕刻"福"字或粘贴"福"字，或者装饰与"福"有关的元素。这也是为福建古建筑的"点睛之笔"。

福建历史建筑中的"福"元素样式繁多，随处可见。我们常常可以看到，福建的古建筑会在屋檐的瓦当上雕一个"福"字或象征福气的图纹。这些图纹被巧妙地嵌入建筑构件中，与建筑融为一体。如闽南建筑中经常会看到蝙蝠、石榴、寿桃、蝴蝶、狮子等象征吉祥幸福的图样，表达了百姓对幸福生活的向往和对美好未来的祝愿。福建先民还在瓦当上刻具有"福"文化意涵的文字。例如出土于武夷山城村汉代城址的"乐未央"瓦当和"常乐万岁"瓦当，是当时人们渴望过上安定、和平日子的一种期盼。"未央"本是未到中央最高处之义，后作为汉代长安宫殿名，体现的是一种无为而治的思想；"万岁"就是祈求千秋万世、长生不老；"常乐"即"长乐"，也是汉代长安宫殿名。"乐未央"与"常乐"寓意相仿，都是祈求长乐无忧，天下太平之义。这些简单明了，直观形象的文字体现了福建先民对当前美好生活的渴求以及对未来幸福生活的向往。

（3）文化遗址中的"福"文化

福建省拥有丰富的文化遗产资源。其中世界文化遗产有"武夷山""福建土楼""鼓浪屿：历史国际社区""泉州：宋元中国的世界海洋商贸中心"；另外还有海上丝绸之路、三坊七巷、闽浙木拱廊桥、闽南红砖建筑、万里茶道等世界文化遗产预备项目。这些丰富的文化遗址资源也是"福"文化发展的重要资源。

位于福建的世界文化遗产中蕴含着丰富的"福"文化。诸如武夷山作为世界文化与自然双遗产，不但生态环境优越，而且蕴含彭祖文化、闽越文化、朱子文化、茶文化、柳永文化等特色文化资源。又如福建土楼，集中体现了福建的客家文化。被誉为"古汉文化活化石"的客家文化更是福建特色文化的典型代表，其耕读传家的文化精髓既包含了儒家文化的特质，也包含了山区文化和移民文化的特质。客家人的祖先崇拜、重教观念、寻根意识、开拓精神，以及奇特而丰富多彩的民俗风情等，正是客家文化特质的体现，也是"福"文化的重要内涵。"鼓浪屿：历史国际社区"则积淀了深厚的闽南文化，是中外多元文化交流与融合的见证，是福建独特海洋文化的重要代表之一。它不但反映出福建深厚的文化根基，而且也体现了福建乃至中国对世界不同文化、价值观的包容、吸纳与发展。作为古代海洋商贸中心之一的泉州，是宋元中国与世界对话的窗口，它既完整地体现了福建完备的海洋贸易体系，也很好地展现了福建在丰富的海洋活动实践中积累的深厚的海丝文化以及多元包容的文化态度。

（4）非物质文化遗产里的"福"文化

福建有着深厚的传统文化底蕴，有许多具有地方特色的文化项目被列入世界非物质文化遗产名录和国家级名录。这些项目包括：南音、莆仙戏、送王船、妈祖信俗、水密隔舱福船制造技艺、厦门漆线雕技艺等。"福"文化在这些非物质文化遗产中得到了很好的体现，如民间文学中女神陈靖姑相关的有福故事、传统戏曲中《富贵长春》之类的福缘唱段、民俗中的节庆祝福和蕴含"福"元素的

剪纸、雕刻等等。非物质文化遗产中,"福"文化的呈现形式多种多样,与老百姓对美好生活的向往联系在一起,在充满烟火气的日常中得到传承和发展。

二、"福"文化产业

福建的文化遗产留下了"福"文化的印记,"福"文化以此为载体得以传承和发展。新时代的"福"文化因被创造性地融入现代产业中而被赋予了新的内涵。"福"文化成为现代产业发展的新名片,"福"被树立为福建的品牌形象。在提升产业品牌文化内涵的同时,拓宽了产业发展道路,促进了产业的新发展。

1. 舌尖上的"福"文化产业

"福"文化根植于福建的山水景色中,也渗透到福建人民生活的方方面面。生活的烟火气首先体现在舌尖上,吃闽菜、品闽茶、饮闽酒,是福建人美好生活的样板。闽菜、闽茶、闽酒都是福建的重要产业,"福"文化元素的加入提升了产业的内涵。

(1) 闽菜"福"文化产业

广义的闽菜以闽东福州菜为代表,也包含厦漳泉闽南菜、莆仙莆田菜、闽西客家菜等福建地方菜系。狭义的闽菜主要指的是福州菜,它以独特的风味在中国八大菜系中占有一席之地。福建拥有得天独厚的地理条件,富饶的山珍海味为闽菜提供了丰富的烹饪食材。福建平原山地盛产大米、蔬菜、水果,特别是龙眼、香蕉、柑橘等佳果誉满中外;丰富的山林资源在温润气候的加持下,孕育了丰饶的山珍美味,香菇、竹笋、家禽等遍布乡野;广阔的海岸线、漫长的浅滩海湾,提供了丰富的海产,鱼、虾、蟹、贝等长年不绝。福建是我国著名的侨乡,往来之间,一些海外食品或者调味品被带到福建,不但为闽菜提供了新的食材,扩展了闽菜体系的内容,也丰富了福建的饮食文化。"靠山吃山,靠海吃海",这是福建人秉持的理念。福建饮食提倡就地取材、食疗养生、药食同源,这些理念折射了福建人崇尚自然和谐的生活哲学。福建人奉行"天之气""地之味""物之性"三者与人合一，凸显了福建人民"天人合一"的生活智慧。这是对"福"文化的一种另类阐释。近年来，闽菜在不断创新与发展中走向产业化，"福"文化成为推进闽菜产业品牌化、特色化、规范化、规模化的重要推手。福建开展了闽菜"四大一全"产业研究，以整合各界的力量，通过梳理特色闽菜发展的历史渊源和发展脉络，将更多的"福"文化元素融入福州菜、闽南菜、莆田菜、客家菜等福建地方特色菜中。鼓励各地结合当地的文化特色，推出有代表性的"福"文化特色菜品，开拓闽菜"福"文化产业的新领域。注重闽菜烹饪技法的传承与创新，整理蕴含"福"文化的特色闽菜，编印"福"闽菜菜谱，制作经典"福"气闽菜烹饪视频，积极开拓闽菜"福"文化产业的国内外市场，塑造符合时代特征、时尚的"福"文化闽菜形象，不断地扩大闽菜"福"文化产业的影响力。加大闽菜"福"文化产业的投资力度，出台相应的扶持政策，推动"福"文化闽菜餐饮服务向食材生产端和供应链有机延伸，推动"福"文化闽菜的高质量发展，努力让闽菜吃得更健康、更安全，让更多的人赏味山海、养生康健。例如，福州市鼓楼区将"福"文化融入鼓楼福味美食，组织开展了"八闽美食嘉年华""食在鼓楼"系列活动，并整合媒体资源，拍摄闽菜宣传片，在福州电视台、小红书、抖音等多渠道、多方式推广闽菜，扩大了闽菜影响力，大力弘扬闽菜文化。又推出南后街、达明美食街、冠亚美食街等10余条美食线路，并借助海峡两岸民俗文化节等平台大力宣传推介，诠释美食中的"福"文化。

（2）闽茶"福"文化产业

茶在中国拥有悠久的历史。"茶之为饮，发乎神农氏，闻于鲁周公"，这是《茶经》中关于茶的起源的描述。可见，早在远古时期，茶就已经进入华夏先民的日常生活当中。在现代生活中我们也经常用"柴米油盐酱醋茶""琴棋书画诗酒茶"等俗语来概括日常生活。不管古代还是现代，茶都在百姓生活中占有一席之地。福建省是产茶大省，也是乌龙茶的故乡，全省有超过90%的县域种植

或者生产茶叶。闽茶受到全国乃至全世界消费者的喜爱，具有极其重要的地位和价值。作为全国最重要的茶叶生产地，福建拥有优越的产茶地理优势和良好的生态环境。也由此，福建拥有极其丰富的茶树资源，被称为"茶叶品种宝库"。闽茶包括乌龙茶、绿茶、红茶、白茶等众多品类，武夷岩茶、安溪铁观音、正山小种、福鼎白茶、福州茉莉花茶等名茶各有千秋，以其不同的特色享誉全球。茶产业是福建的重要产业，目前，福建省茶园面积约360万亩（约2400平方千米），全产业链产值超过1500亿元，茶叶年产量、单产、茶树良种推广率、全产业链产值、毛茶产值、出口额增速等六项指标均居全国第一，产业化水平居全国前列。闽茶"福"文化是福建茶产业的重要组成部分，也是今后茶产业发展的重要依托。

福建不但拥有丰富的产茶资源，而且积淀了深厚的茶文化。茶对于福建来说不仅仅是一种特产，它还是一种文化符号。长久以来种茶、制茶、售茶、品茶、赛茶是茶乡人生活的重要内容。在福建闽南，百姓有早起喝茶和泡晚茶的习惯，延续着"宁可百日无肉，不可一日无茶"的传统。闽北地区也流传着类似的俗语："宁可三日无粮，不可一日无茶。"福建茶文化的历史悠久，底蕴深厚，蕴含丰富的"福"文化精神内涵。福建人喜欢在街边、庭院或厅堂一角摆下茶几，朋友数人一起闲谈饮茶，增进情谊的同时可以使人的身心得到放松。茶俨然成为融汇人们物质生活和精神享受的"神物"，成为幸福生活不可或缺的元素。鲁迅先生也曾说："有好茶喝，会喝好茶，是一种'清福'。"客来敬茶，是重情好客的福建人的传统礼节，以茶为礼是福建人礼尚往来的一种风尚，茶礼更是福建人传统婚礼中的一项庄重的礼俗。茶艺也是福建茶文化非常重要的一部分，其呈现的泡茶品茶的过程往往带有较强的艺术感染力，从另一个侧面烘托出福建人的艺术追求。

为了能够让更多人喝上闽茶，体验闽茶"福"文化，近年来，福建高度重视做好茶文化、茶产业、茶科技的文章，深挖闽茶"福"文化资源，依托各种展示平台开展形式多样的福茶宣传、体验、消费活动，打造"福建有福茶，福茶传播'福'文化"的产业理念。2016年以来，福建持续开展"闽茶海丝行"活动，通过各类国际茶文化论坛、中外茶文化交流活动推广闽茶，不断扩大闽茶"福"文化的国际影响力。

（3）闽酒"福"文化产业

福建也是国内有名的酿酒大省。福建拥有独特的山海生态环境，其粮食资源丰沛，酿酒产业也随之发展起来。大多数福建酒是用谷物酿制的，饮之或满口醇香或绵甜爽净，名品众多，风格独特，享誉南北，甚至远销国外。福建客家米酒既传承了中原的酿酒文化，又蕴含客家人独特的"福"文化底蕴。随着健康养生观念日益深入人心，福建的低度白酒或黄酒获得越来越多消费者的喜爱，福建的保健酒也声名远播。

与闽菜一样，闽酒历史悠久。古有闽越王宫礼乐酒祭，后有南宋朱熹家酒，明有郑和下西洋带三千坛福建美酒出海，饮酒之风历经千年而不衰。清香纯正的丹凤高粱酒、闽派黄酒青红酒、独特工艺酿制的福矛窖酒、品质独特的武夷王酒，都拥有悠久的历史，受到福建人民的喜爱。有"中华老字号"之称的福建老酒，除了可以日常饮用，还可以作为料酒用于烹饪菜肴，很多闽籍侨胞在烹饪时都会佐以适量的福建老酒。

酒中的"福"文化是福建饮食文化的一个重要组成部分。"无酒不成宴"，对热情好客的福建人来说，酒是待客时不可或缺的主角。每当有喜庆筵席或者宴请来客，福建人都要奉上好酒。闽北古谚就有"无客不提壶"的说法，即便是现在，福建各地仍有"吃酒不讲饮"的习俗，意思是说喝酒必须尽兴，即使有宿怨矛盾，亦可杯酒言消。这是福建人热爱生活、爽朗友善的积极生活态度的写照。福建闽南一带还有"茶七酒八"的说法，即茶倒七分满，酒倒八分满，体现留有余地的智慧。

近年来，闽酒"福"文化产业逐渐发展起来。福建从优质闽酒着手，依靠"福"文化提升闽酒的内涵和附加价值，着重构建高质量、绿色、健康的"福酒"品牌形象，逐步提升闽酒的知名度和美誉度，将优质闽酒打造成商贸合作、对外交流的重要媒介。同时支持福建各地根据本土独特的文化特色，建设"福"文化闽酒体验馆，把闽酒的生态资源优势转化成品牌优势，助力闽酒"福"文化产业在传承中不断创新和发展。结合健康生活的理念，把健康时尚作为闽酒的营销切入点，并通过广播电视、网络媒体、公共平面媒体等多渠道宣传推广，使闽酒"福"文化产业朝着健康、时尚的方向发展。为了给闽酒产业文化赋能，福建结合地域"福"文化，在建瓯建设大型闽酒博物馆与福酒庄园，保护闽酒非遗项目，借助"年份酒""酒庄酒""工坊红曲酒""谷物酿造料酒"等彰显闽酒"福"文化，扩大闽酒的知名度。

酒香佳酿，氤氲千载。"福酒"正融合传统酿酒文化和"福"文化，不断推动闽酒"福"文化产业向高端化、绿色化、健康化、品牌化方向发展，向世界讲述"福酒"的精彩故事。

2. 山水间的"福"文化产业

福建的地理环境优越，依山傍水。2022年福建的森林覆盖率达66.8%，连续40余年位居全国首位，地貌以山地丘陵为主，河流与山峰纵横交错，简称为"八山一水一分田"。福建历代有"东南山国"之称，高耸的武夷山脉是福建的天然屏障，其东北部又分为太姥山脉、鹫峰山脉、玳瑁山脉、戴云山脉、博平岭山脉等。福建还是东海与南海的重要交通枢纽，从海路可以到达南亚、西亚、东非等地，是历史上海上丝绸之路的起点，也是郑和下西洋的起点之一，是明清海上商贸集散地。福建的海岸线长度居全国第二名，海岸曲折而绵长，岛屿星罗云布。漫长的海岸线赋予了福建美轮美奂的海景，鼓浪屿、平潭岛、湄洲岛、东山岛、嵛山岛、南日岛……每一处都风格独特，是碧涛海浪中一道道秀丽风景线，也孕育了富有福建特色的海洋文化。

福建的山水风情，为福建的旅游产业提供了丰富的资源，推动了福建旅游产业的快速发展。当前人们的生活水平稳步提升，旅游需求越来越大，旅游的诉求也更加多样化。近年来，绿色生态旅游尤其受到人们的青睐。绿色生态旅游将"尊重自然、顺应自然、保护自然"的生态文明理念融入旅游产业，体现了人与社会、经济发展与生态环境的和谐共生，也正符合新时代人们对生活品质的追求。绿色生态理念也是"福"文化的重要内容之一，绿色生态旅游则是现代"福"文化在生活方式上的一种体现。绿色生态旅游既增加了人们亲近大自然的机会，也促进了人与自然的和谐共融。它也是人们追求美好生活的重要体现。绿色生态旅游既提高了人们的生活质量，提升了人们的幸福感，也拓展了文化旅游产业发展的新思路。

绿色生态旅游受到人们的青睐

福建秀丽的山水和浪漫的沿海景观，让福建成为旅游资源大省。2021年6月，为发展绿色生态旅游，做大做强"福"文化旅游产业，福建省政府召开了全省旅游发展工作会议，会上印发了《福建省人民政府关于促进旅游业高质量发展的意见》，对构建优化全省旅游发展格局作了进一步部署。在优化旅游发展格局方面，《意见》提出福建旅游产业应"提升蓝色海丝、绿色休闲、红色文化三大生态旅游带品质内涵"，强调在旅游项目的打造上突出展现"山"的魅力，展现"海"的风情，让福建城乡大地成为"近者悦，远者来"的旅游大景区。福建将加快绿色生态旅游服务体系建设，持续提升旅游服务质量。《意见》鼓励福建各地利用当地资源优势，结合区域文化特色，建设区域特色绿色生态旅游项目，推出"福"文化主题旅游线路，发挥快速铁路环线等优势，全力打造"全福游、有全福"旅游品牌。鼓励福建各地探索发现"福"文化资源，打造凸显"福"文化特色的旅游风景线，积极构建文旅康养多业态融合的发展模式，打造具有地方特色的旅游品牌。

3. 工艺美术中的"福"文化产业

艺术源于生活，又高于生活。工艺美术既是人们对生活的艺术描述，也体现人们对美的追求。精美的工艺品凝结了劳动人民对美好生活的期待以及匠人艺术家的艺术思想。绚丽多姿的艺术品体现了人类物质文明和精神文明的发展水平。福建工艺美术发展历史久远，品类多种多样，高超的艺术技艺与传统文化完美地结合在一起，具有浓郁的地域特色，在国内外都很有名气，受到各地人民的喜爱。

福建地理位置独特，生态环境十分宜居，在历史上它多次成为中原先民南迁的目的地，也是古代海上丝绸之路的重要始发点，是古代中国对外交流的重要窗口。在民族交融以及对外交流的过程中，福建形成的富有地域特色的"福"文化。工艺美术能够反映人民生活，展现地域文化。每个地方都有独特的自然风光和民族风情，工艺美术作品也呈现出地域性的特点。正是这种地域性赋予了人们更多的交流基础，正是这种共通性让美术工艺品成为对外交流的重要桥梁。

福建的传统文化经历了较长时间的积淀，在闽越文化的基础上兼容并蓄了多元的文化，由此形成独特而鲜明的地方传统文化。自永嘉南渡以来，中原各地的百姓为逃避战乱陆续南迁，给福建带来了先进的中原文化，也带来了中原领先的工艺美术技艺。与此同时，临海而居的福建人也养成了开放包容的海洋性格，由此形成了与中原文化有较大区别的海洋文化。这两种文化共同构筑了福建特有的"福"文化。工艺美术作品是物质生产与美的结合，是生活与文明的联结，福建地域特色文化也在工艺美术作品上得到了很好的体现。

福建的传统工艺是福建"福"文化的重要写照，历来以丰富的内涵和高超的技艺而闻名，民间工艺更是精彩纷呈。绚丽生动的金漆木雕、诙谐精巧的木偶、姿态万千的龙眼木雕、造型生动的寿山石雕、精美传神的剪纸、秀丽灵动的畲族刺绣等，都是劳动人民及艺术家在生产或生活过程中经过细致观察后留下的美丽瑰宝。而釉色奇异的建窑黑瓷、纯净脱俗的德化白瓷、巧夺天工的软木画、华丽缤纷的漆器也都在人民艺术家的精雕细琢下屡出精品。这些绚丽多彩的工艺美术作品正是劳动人民热爱生活、追求艺术享受的表现，是人们向往美好生活的最好表达。

福建省是工艺美术产业大省，工艺美术产业是福建的传统特色产业，也是福建重要的支柱产业之一。2021年全省工艺美术规模以上工业企业749家，实现主营业务收入1728.68亿元人民币；累计获评中国工艺美术大师49人，省级工艺美术大师526人。为了保护和促进福建传统工艺美术事业发展，福建省于2022年3月开始实行《福建省传统工艺美术保护和发展办法》。该办法强调，福建各级政府应当加大对传统工艺美术保护和发展的资金支持；完善工艺美术产业园区等行业智库的建设，加强工艺美术产业的人才培养、品牌宣传、行业标准制定等工作；同时支持工艺美术企业进行技术改造，推动产业创新发展。由此，福建各地政府也纷纷结合地域特色，采取措施促进工艺美术产业的发展。在保护艺术作品方面，福州市着手建立技艺档案数据库、改造提升传承保护基地、支持工艺美术相关著作的出版，从而提升对工艺美术的保护力度。在

人才培养方面，福州将持续开展非遗技艺大师带徒工作，鼓励与高校合作，在高校开展相关课程，培养工艺美术相关专业的学生，并大力引进国内外青年艺人。在促进产业融合方面，福州市积极搭建平台，推动工艺美术非遗综合体、工艺美术小镇的建设，并推出工艺美术精品旅游路线。泉州十分重视传统工艺美术人才的培养和引进，致力于加快推进工艺制品数字化转型，重点打造各种工艺园、文化产业园区，带动雕刻、制陶、藤铁、制香等传统工艺链条数字化，全力推进工艺美术产业转型提升和高质量发展。莆田从平台搭建、标准再造、市场开拓等方面入手，推进工艺美术产业融合创新发展，提升总体设计水平和研发能力，打造权威区域品牌。

4."福"文化乡村特色产业

福建地形丘陵多且沿海，温暖湿润，农业资源丰富且多样。福建拥有安溪铁观音、武夷岩茶、福鼎白茶、琯溪蜜柚、长汀河田鸡、泉州龙眼、连江鲍鱼等特色农产品。近年来，福建以特色农业为着力点，大力抓好农业生产，将'福'文化融入农业生产，打响福茶、福果、福菜、福稻、福菌等"福"字号优质农产品品牌，全力培育乡村特色产业，促进乡村全面振兴。

在制度建设方面，福建先后制定了《福建省乡村产业振兴专项规划（2018—2022年）》《进一步推动十大乡村特色产业高质量发展工作方案》《福建省乡村产业发展规划（2021—2025年）》等一系列发展规划，明确各阶段的任务清单。又先后出台《关于推进绿色发展质量兴茶八条措施的通知》《关于促进闽台农业融合发展的若干措施》《关于促进农业产业化龙头企业做大做强八条措施的通知》等一系列政策，支持保障乡村特色产业高质量发展。2022年8月，福建印发《福建省乡村特色产业品牌IP建设实施方案》，为乡村特色产业品牌建设保驾护航。

在发展特色现代化农业方面，福建省在不断巩固粮食安全的基础上，结合农业资源多样化、区域产业特色差异等特点，积极促进"一村一品""一镇一特""一县一业"发展格局的建设，打造一批具有鲜明特色、集中优势的产业集聚区，使其成为地方特色产业的"代言人"，不断丰富"福"字号绿色优质农产品的供给，为乡村振兴之路打好产业基础。

在产业融合方面，福建始终积极促进第一、二、三产业的融合发展，提升乡村经济的价值。深挖福建各区域的特色文化资源、自然生态资源、人文景观资源，调整布局，优化产业结构，提升"福"字号绿色优质农产品供给能力。引进先进技术，加大基础设施建设，结合现代信息技术，大力发展农产品加工产业，补齐农产品加工、冷链物流等短板，提升"福"字号特色农产品加工增值能力。

在产业融资方面，积极引入我省发展良好的优势民营企业资本，扩大乡村投资，加强政银企合作，突破融资困难，发展生态康养、乡村文旅、休闲观光、农产电商等农村新兴产业，拓宽农村产业发展的道路，构建现代化农村产业体系，促进"福"字号特色产业的高质量发展。

在产业发展技术开发方面，福建省正视丘陵多、人均耕地面积较小的困难，结合产业特色，开发符合要求的生产设备；又借助科技特派员制度，使更多的科技力量下沉到农村一线；以"数字福建"建设为载体，加快农村产业发展基础设施的数字化、智能化转型，促进"福"字号特色农产品的品牌升级。

乡村振兴，是国策，也是民生大计，"福"文化元素的加入，为农村的产业发展注入新的活力，提升乡村振兴事业的发展品质。

三、"福"文化标识

"福"文化标识生动地反映了"福"文化的文化根源和特色，是福建形象宣传和文化传播的重要媒介。

1. "福"文化地理标识

说到"福"文化，人们自然会想到"福建"，这是一个以"福"字命名的省。在福建地方，还有福州、福清、福安、福鼎、福宁、

福建地形多丘陵，人均耕地面积较小

福唐、永福等古今地名，这些地名都刻着"福"文化的历史印记。福建古称"闽"，唐开元二十一年（733），取福州与建州的首字设立福建经略使，这是历史上首见"福建"之称。元至元十五年（1278）设置福建省，这是福建称省之始。

自唐开元以来，福建的名称始终福字当头，美好的寓意延续千年。作为福建省会的福州，其名称同样富有含义。唐开元十三年（725），闽州都督府改称福州都督府，此为福州名称出现之始。据说其因州城西北有福山，遂改名为"福州"，民间因此流传俗语曰："福州福州，有福之州。"福州民众以生活在"有福之州"为傲，自然生态、气候环境、物产资源、饮食起居等，处处有福，件件得福。

省内其他以福字冠名的古今地名，如福清（古称福唐）、福安（古为福宁府），还有福鼎、永福（今永泰）等，都与福字有不解之缘。这些州、郡、府、县都是福字当头，民间俗语称"福地福人居"。无论是有福之省，或是有福之州，时至今日，广大人民在这块福地上安居乐业，其乐融融，"福"文化的魅力也在"福地福人居"这句俗语中得到最好的诠释。

2."福"文化特色标识

福建省文化和旅游厅于2021年底发布13项"福建文化标识"，古田会议、林则徐、郑成功、妈祖信俗、朱熹、闽茶、德化白瓷、闽菜、泉州古城、武夷山、福建土楼、三坊七巷、鼓浪屿等名列其中。作为八闽文化精神内核的"福"文化，主要就是从这些"福建文化标识"孕育出来的。这些文化包含朱子文化、红色文化、闽南文化、闽都文化、客家文化、妈祖文化、海丝文化和华侨文化等。

朱子文化指的是朱熹及其创立的朱子学文化，源自中原儒家文化，讲究修身和出世，追求天下大同，是具有原创性和比较优势的福建特色"福"文化。红色文化是英勇的福建人民在党的领导下，在革命、建设、改革过程中形成的革命理论、革命精神、革命经验和革命传统，以及由此凝结而成的文化现象。红色文化的内涵是人民为了追求美好生活而开展的斗争和革命。古田会议确立了思想建党、政治建军的根本原则，是建党建军史上的里程碑。作为全国著名革命老区、原中央苏区的重要组成部分，福建孕育了辉煌的古田会议精神和伟大的苏区精神，留下了宝贵的精神财富。此外，闽南文化、客家文化、妈祖文化具体表现为人民祈求安宁康健的美好愿望；海丝文化和闽都文化展现的是福建开放进取，和世界关联，谋求共同发展的积极姿态；华侨文化表现的是海外华夏儿女为祖国发展群策群力的爱国情怀。无论是修身、出世、天下大同还是追求美好生活，抑或谋求祖国繁荣或世界共同发展，均是"福"文化的具体表现。

3."福"文化公共品牌标识

为宣传推广福建省"福"文化资源，加强福建省"福"文化氛围建设，以"福"文化资源创造性转化、创新性发展带动我省文化和旅游产业加快发展，福建省委宣传部组织了"福建'福'文化创

意设计大赛",并将"五福福建"设计方案确定为福建"福"文化品牌推广公共标识。

"五福"来自福建省名称及省内四个以"福"字命名的城市,对应传统五福吉祥,将"福"文化与福建城市相连,寓意美好且独具福建特色,十分贴合福建特有的"福"文化内涵。

"五福福建"标识为以"福"字造型为基础,辅以水仙、闽山闽海等元素。水仙是福建省花,花语"万事如意、花开福至",五瓣盛开的花瓣对应五福。水仙花图案位于"福"字的"田"字格中,"福生田亩"寓意福建之富饶,蕴含"福建有福,福泽绵长"的美好祝福。设计中回纹线条有的流畅回转、曲折有致,如绵延奔涌的水流;有的沉着有力,如巍峨不动的山峦。山海

"五福福建"标识

相映,体现福建富饶的山海资源,把福建深厚的海洋文化、迷人的山水大观和深厚的历史人文呈现在视觉上,极具有时代感和艺术表现力。

4. "福"文化产品标识

农贸产业、文旅产业在"福"文化的加持下蓄力发展。

首先,创设"福"文化农产品标识。

福建山海相依,气候条件优越,生态环境优良,农业资源丰富,这些都是福建得天独厚的优势,也完全具备发展区域农贸品牌的条件。因此,福建提出立足本土资源禀赋,做强、做优、做大茶叶、蔬菜、水果、畜禽、水产、林竹、花卉苗木、食用菌,以及乡村旅游、乡村物流等乡村特色产业。

近几年,福建加快"福"字号农产品品牌培育,实施农业品牌提升行动。围绕"福茶""福果""福菌""福菜""福稻""福禽"

"福畜""福渔"等"福"字号优质农产品品牌，以品牌化引领种植业、养殖业等实现规模化生产、标准化管理和产业化经营，提高农业质量、效益和市场竞争力。

福建省不仅着力于打造各色农产品品牌，还积极加强"福"字号农产品品牌宣传，积极组织龙头企业等各类农业新型经营主体参加国内外各类涉农展会，大力提升"福"字号福建优质特色农产品品牌影响力和市场占有率。并加强品牌监督管理，强化"证后监管"，提升"福"字号农产品品牌公信力。

目前，福建培育了安溪铁观音、武夷岩茶、福鼎白茶、古田食用菌、平和蜜柚、福建百香果、建宁莲子、宁德大黄鱼、永春芦柑、光泽肉鸡等一系列驰名中外的"福农优品"，"福"字号农产品品牌影响力不断扩大。

其次，创设"福"文化文旅产品标识。

为了进一步凸显"福"文化的独特内涵，树立新时代、新福建的良好形象，做大做强文化和旅游产业，福建全力打造"全福游、有全福"文旅品牌。环闽高铁舒适便捷，由任意起点搭乘就能开启愉悦的"福气之旅"，呼吸清新空气，欣赏秀美山川，拥抱碧海蓝天，体验多元文化，吸引了大批游客来到福建，享受"闽式生活"，感受福建精神。未来，福建还将不断丰富和深入挖掘"全福游、有全福"品牌内涵，持续提升品牌影响力和美誉度。

第二节　"福"文化实践样态

福建享有"山海画廊、人间福地"的美誉，将"福"文化赋予这山海之间，则人间福地更显魅力。另一方面，在福建百姓的生活当中，人们恪守着传统民俗文化，各种民俗活动也在不断传承创新，体现着人们对"福"的向往与追求。

一、"福"文化主题旅游

近年来,"福"文化主题游已经成为福建省文化旅游一道靓丽的风景线。以"福"文化来串联旅游景点,整合旅游资源,不但进一步丰富了旅游产品,也给游客带来更好的旅游体验,促进了文旅产业的发展。

当前,旅游成为人们休闲生活中不可或缺的一部分,是缓解身心压力的不二之选。旅游产业也逐渐发展成为我国的三大经济支柱产业之一。在社会经济不断发展的同时,人们对精神生活的需求也越来越高。在旅游过程中,人们不再简单地满足于对自然风光的浅层欣赏,而是希望徜徉于山水之间时,能够领略其深厚的文化历史底蕴,能够感受其特有的文化魅力,能够体验当地人的民俗风情,即沉浸式深度旅游。从根本上来说,旅游是一种精神活动,人们在旅游过程中获得审美享受和愉悦身心,并感受不同的文化。可见,旅游是一种文化消费活动。

文化是旅游的灵魂,旅游资源承载着一定的文化底蕴。文化丰富了旅游活动,赋予旅游活动新的内涵,增添了旅游的乐趣。人们在旅游过程中感知、了解、体验不同的文化,这就是文化旅游的价值意义。在消费市场上,不同游客群体的旅游需求也不同,因此需要针对不同游客群体来制定相应的旅游产品。这种围绕某项专题或某一目的展开深入了解和体验的旅游,即是主题旅游。

"福"文化主题旅游以福建特色文化作为卖点,以饱含"福"文化内涵的旅游景点为载体,将"福"文化与福建的自然景色相互融合,让游客在福建旅游过程中认识与体验"福"文化,感受传统文化的魅力。福建不同地区有不同的山水景色和文化特色,既有武夷山、清源山、太姥山、鼓山、大金湖、白水洋等众多名山胜水,又有鼓浪屿、湄洲岛、平潭岛等迷人的滨海风光,还有三坊七巷、土楼、崇武古城等别样人文景观,更有连接闽台两岸的一湾海峡,牵起两岸的历史文缘。"福"文化主题旅游将福建各地的山水景观与特色文化融为一体，传递了强烈的文化信息，是人民群众追求高层次文化生活的内在要求，也顺应了加快建设更加优美、更加和谐、更加幸福的福建的必然趋势。

"福"文化主题旅游是弘扬福建特色文化，突显福建文化底蕴最具代表性的旅游产品。近年来，福建整合与"福"文化相关的旅游资源，细分为不同主题的旅游产品，并进一步规划省内相关文化旅游线路，打造"福"文化主题经典旅游产品，进一步树立福建"福"文化旅游品牌的市场活力和社会影响力。

1. 闽南文化主题旅游

闽南文化是闽南地区的劳动人民在漫长的历史过程中共同创造，并不断传承和创新的地域性文化。闽南文化是中华传统文化的组成部分，它不但具有传统中华文化的包容性、开放性、乡土情怀、家族本位和崇儒重德等典型特征，还具有自身的典型特色：闽南文化融合了闽越文化敢于拼搏、善于海事的特点，逐渐形成了重乡崇祖的生活哲学、爱拼敢赢的大无畏气魄、重义求利的处世风格和山海交融的行为模式。鲜明的性格特色、强大的家族凝聚力和深厚的家国情怀，使闽南文化成为"福"文化中一颗闪亮的星星。闽南文化主题旅游名胜主要包含：鼓浪屿国家5A级旅游景区、胡里山炮台国家4A级旅游景区、集美陈嘉庚纪念馆、中国闽台缘博物馆、泉州清源山国家5A级景区、东山关帝文化旅游区、漳浦天福茶博院、泉州古城区闽南文化生态保护区、"海上丝绸之路"泉州史迹、南安郑成功文化旅游区、惠安崇武古城（惠女风情园）、漳州林语堂纪念馆等。闽南主题旅游涵盖了宗教、建筑、方言、民俗等文化特色，除了观赏自然人文景观，游客们还可以欣赏南音、歌仔戏表演，体验泉州剪纸、惠女服饰等传统文化项目。

2. 红色文化主题旅游

红色文化富有深厚的历史文化内涵，是福建"福"文化的特色之一。红色文化既包含了军民团结、艰苦奋斗的井冈山精神，也包含了坚定信念、不惧艰难的长征精神，既体现了实事求是、自力更生的延安精神，也体现了无私奉献、勇于开拓的北大荒精神，既有敢于斗争、永不停步的西柏坡精神，也有大力协同、勇攀科学高峰的"两弹一星"精神，其核心本质体现的是中国共产党全心全意为人民谋幸福的奋斗宗旨，是中华民族优秀儿女为追求美好生活不怕苦不怕难的精神品质。福建作为革命老区，红色资源丰富，为红色文化主题旅游的发展打下了坚实的基础。目前，福建共有69个苏区老区县，其中中央苏区县51个；拥有不可移动革命文物1657处，可移动革命文物142581件（套）；共有红色旅游A级景区46个。红色资源是我们党通过艰苦奋斗走向胜利的见证，是一笔珍贵的财富，凝结着丰富的思想精髓和时代价值。红色资源主要有三种形态，一是物质形态的革命遗物、遗址、遗迹等革命历史遗存与纪念场所；二是革命历史、优良传统和作风；三是井冈山精神、长征精神等红色革命精神。福建红色文化旅游名胜主要包括福建省革命历史纪念馆、上杭县古田会议旧址、毛泽东才溪乡调查纪念馆、长汀县福建省苏维埃旧址、福音医院旧址、长汀县革命委员会旧址、上杭红四军司令部和政治部旧址、中共福建省委旧址、福建省职工联合总工会旧址、瞿秋白烈士纪念碑、宁化红军医院旧址、宁化北山革命纪念园、泰宁红军街、漳州毛主席率领红军攻克漳州陈列馆、武夷山赤石、大安红色旅游景区等。

　　近年来，福建在保护和利用好红色资源的基础上，从项目建设、数字赋能、多元服务等方面入手，深挖红色资源的文化内涵，赋予红色文化新的时代特征。2021年，为庆祝中国共产党成立100周年，展示乡村振兴和社会主义建设成就，福建推出了百条红色旅游线路。其中的福建经典红色旅游线路包括"凝聚力量·闽西中央苏区百里红色朝圣之旅""砥砺初心·中央红军长征出发地之旅""风展红旗·如画三明之旅""绝密使命·中央红色交通线感悟之旅""红旗不倒·闽北中央苏区红色之旅""北上抗日先遣队·爱国情怀之旅""红色闽都·致敬峥嵘革命岁月之旅""花样漳州·赓续红色精神之旅""星火燎原·红色记忆之旅""闽东之光·红色文化之旅"等。这些红色文化旅游项目能够串联起一个地域的红色景区，使游客从党的百年伟大奋斗历程中汲取前进智慧和精神力量，深切体会到美好生活来之不易，进一步激发人们的爱国之情和民族情怀。

3. 妈祖文化主题旅游

妈祖文化起源于宋朝的福建，是流传于中国沿海地区的传统民间信俗，并且随着历代移民传播到了世界各地。妈祖文化是中国海洋文化的典型代表，是中华民族传统文化重要的组成部分，也是"福"文化的瑰宝之一。妈祖文化弘扬不畏艰难、无私奉献、热爱和平的精神，传播尊老爱幼、惩恶扬善、扶危济困的博爱精神，还倡导保护环境、回归自然的生态意识，既体现了中华传统美德的核心价值取向，也凸显了中华儿女爱国爱家、热爱生活，守护美好家园的追求。

近千年来，妈祖文化在传播的过程中积累了十分宝贵的文化遗产，其中包括宫庙建筑、雕刻、文献等物质形态遗产，也包括神话、传说、故事、祭典、民俗、艺术等精神文化遗产。2009年，"妈祖信俗"被联合国教科文组织列入《人类非物质文化遗产代表作名录》，成为我国首个信俗类世界文化遗产。传承与发展妈祖文化、弘扬妈祖文化精神，是福建省、全国乃至全世界妈祖信众和热爱和平的人们共同的愿望。

福建在保护传承妈祖信俗、挖掘妈祖文化内涵、推动妈祖文化传播等方面做出了很多努力，并积极推动妈祖文化与旅游有机融合。妈祖文化主题旅游是传承妈祖文化的重要方式，游客可在游览妈祖文化圣地的过程中，了解妈祖的生平事迹，感悟妈祖"立德、行善、大爱"的精神。莆田湄洲岛是妈祖文化旅游胜地，也是国家5A级旅游景区。福建以莆田妈祖庙为核心，整合贤良港妈祖故里、莆田工艺美术城等资源，定制妈祖游线路，打造"清新福建、妈祖圣地、美丽莆田"旅游品牌。坚持以景彰文、以文显景，通过妈祖文化主题旅游，加强与台湾地区主要妈祖庙宇的合作；对接"海上丝绸之路"沿线国家，举办妈祖文化主题活动、研学活动等；

积极促进妈祖文化旅游资源与其他产业的融合，着力把妈祖文化旅游区建设成为滨海生态度假胜地，福建的"海上明珠"。

4. 客家文化主题旅游

福建客家文化融合了古代正统汉族的儒家文化和南方地区特有的本土文化。儒家文化是客家文化的基本底色，耕读传家是客家文化的鲜明特色，吃苦耐劳、努力拼搏、艰苦奋斗是客家人的优秀品质。客家人普遍具有自信、自立、自强的奋斗意识，这是一代代客家人为创造美好生活而磨砺出的独特文化气质，也是无数客家人创基立业的精神动力。作为福建"福"文化的一部分，客家文化是地域文化的典型代表，客家方言、客家民俗、客家山歌、客家饮食、客家建筑等文化特色享誉海内外，客家人团结奋进、顽强拼搏的精神品质更是得到世人传颂。

福建的客家群体主要分布在龙岩、三明等地。福建客家文化经过长时间的历史沉淀，存续状态良好，具有鲜明的特色，为福建文旅经济的发展提供了一笔宝贵的财富。客家文化主题旅游线路涵盖了永定土楼、中川古村、长汀古城、汀江流域客家群落、长汀丁屋岭、连城培田古民居、连城芷溪古村落、武平中山古镇、武平定光古佛景区、上杭客家族谱博物馆、上杭李氏大宗祠等景区。福建省通过修建和完善旅游基础设施、加强景区的开发和保护力度，树立客家文化的品牌形象，不断做大做强客家文化旅游产业。客家文化资源积累深厚，旅游基础日渐夯实，客家文化主题旅游已经成了福建的金字招牌之一。福建土楼游是福建省重点开发的旅游品牌项目之一，其中最著名的是世界文化遗产——永定土楼群，这已经在全国乃至全世界有着较高的影响力和竞争力。客家文化主题旅游以特色文化建筑群为载体，展示客家民俗风情、美食、服饰，并构建研学基地、山水康养度假区，逐渐打造出客家文化主题旅游特色品牌。游客不仅能欣赏到独特的客家建筑，体验客家民俗和美食，也能够领会客家人尊宗敬祖、崇文重教、团结互助、敢拼敢闯、爱国爱乡的内在精神品质，为传承和弘扬传统"福"文化奠定坚实的基础。

5. 闽都文化主题旅游

福州是"八闽首府","七郡辐辏，闽越一都会也"，福州一直处于八闽的政治、经济和文化中心，逐渐形成了具有鲜明地域特色的闽都文化。作为中华传统文化重要组成部分，闽都文化具有显著的地域特征，是"福"文化中的瑰宝。闽都文化是融闽越文化、中原文化、海外文化为一体的区域文化，其在闽越文化的基础上，以儒学文化为内核，与理学、闽学、侯官新学互相融合，具有儒雅、重文、开放、求变等特点。三坊七巷文化、昙石山文化、船政文化、寿山石文化、温泉文化等，都是闽都文化的重要组成部分。闽都文化包含了福州方言、闽剧、闽东菜、拗九节及游神文化等等，体现了闽都人民儒雅的精神气质、崇礼重教的文化习俗、稳健谨慎的生活态度、务实的价值观念，以及闽都人民包容、开放的性格特色和勤劳勇敢、勇于进取的开拓精神。闽都文化历史悠久，在推动中国古代海上丝绸之路的繁荣发展、引领中国现代社会转型方面，起到了重要的作用。随着闽都人民向海外谋求发展，闽都文化也不断向外传播，逐渐成为中华文化对外交流的重要桥梁。

闽都文化的根脉绵延四海，为福州旅游注入了活力，让这座文化底蕴深厚的有福之州更加自信和开放。福州这座拥有2200多年历史的文化古城，吸引着国内乃至全世界各地的游客们。"清新福建"不只是山清水秀，更有无处不在、触手可及的文化氛围。除了秀丽的山水之外，闽都文化已然成为福州旅游闪闪发亮的新名片。当前，闽都文化主题旅游是福州四大旅游品牌之一。福州以"幸福之城"为特色，以"福州古厝"为亮点，深度开发闽都文化资源，在旅游线路规划、旅游项目建设、旅游产品设计方面下功夫，提升闽都文化主题旅游的深度和广度，将福州打造成富有个性的国际知名旅游胜地。闽都文化主题旅游资源主要包含：三坊七巷（南后街、于山、林则徐纪念馆、冰心故居、严复故居）、上下杭历史文化街区、鼓山（鼓岭、西禅寺、涌泉寺）、闽都民俗园、中国船政文化博物馆、罗星塔、永泰云顶旅游区、青云山、嵩口古镇，等

等。游客们可在三坊七巷领略明清的古建筑，在林则徐纪念馆聆听民族英雄生平及轶事典故，在中国船政文化博物馆探寻中国海洋军事发展变革及船政文化，回顾闽都昔日繁荣，感受福州今日荣耀。

二、"福"文化民俗活动

福建"福"文化是在中华传统文化的基础上产生于福建本土的一种民俗文化，它伴随并贯穿着福建上千年的历史文明嬗变与更迭，而今已渗透到福建人民生活的方方面面，成为对福建人民影响最深、最广的地域特色主流核心文化。"福"文化的主要意旨就是要实现人们对美好生活的需要，这也是中华民族每一分子最基本的精神追求。其表现为"爱国爱乡、海纳百川、乐善好施、敢拼会赢"的福建精神，也表现为奋发图强、崇德向善的风貌，激励着福建人民以饱满的热情投身经济建设和社会发展，并在社会发展与进步中获得个人的健康、快乐、尊严与全面发展。正是美好的社会愿景与个人的幸福生活在历史演进过程中逐渐呈现出一种共融的态势与良性的互动，使"福"文化展现出强大的生命力和影响力。从物质形态上看，"福"文化主要体现在改善生活条件的过程中，包括开荒垦田、造地修渠、提高粮食作物产量，从而丰衣足食；改善居住条件，房屋结构安全稳定，通风、采光、抗震等功能齐全，周边设施便利，实现人的稳定居住。从精神形态上看，崇尚家庭美德、注重子孙教育，崇祖敬宗，长幼有序；倡导邻里和睦，以和为贵、守望相助、孝老敬亲、自尊自爱，从而实现人与人和谐相处。"福"文化的内涵丰富，外延广阔，其表现形式多种多样。

1. 生活民俗中的"福"文化

"福"文化体现在百姓生活的方方面面，集中展现在人们的衣食住行当中。

（1）饮食中的"福"俗

福建以稻米为日常主食，因此经常将稻米做成各种食物来庆祝各种节日或者欢迎宾客。多种多样、色香味美的福建特色小吃，展现了多姿多彩的"福"文化。比如，用糯米做成的福寿糕，是福建很多地方婚嫁喜庆赠送亲友的吉祥小点。又如象征着团团圆圆、红红火火的莆田特色美食红团——"荏苒光阴报岁残，娇娘和粉做春团。嫦娥容貌桃花色，犹染胭脂复渥丹。"这首竹枝词描述的就是莆田"红团"。红团不但是祭祀用的供品，又是婚庆礼俗中赠送给亲友的重要礼品。"吃金丸，中状元"，描述的则是漳州地区特有的一种称为"金丸"的年糕，它寄托着人们步步高升的美好愿望，是漳州地区年夜饭中的一道吉祥菜。

福建人也常常将线面作为馈赠亲友的吉祥贺礼。在福建的不少地区有初一早上吃线面的习俗。例如福州人大年初一早上都要吃一小碗线面，象征着健康长寿。给长辈祝寿可以带上线面，也称为"寿面"；妇女坐月子时把线面作为主食，并以蛋酒、鸡汤等作为佐料，称为"诞面"；男女定亲，男方送女方线面，谓之"喜面"。福州有句老话"吃鸭蛋讲太平"，亲人远行或有远客到访，都要煮线面并佐以两枚鸡蛋来款待，称之"太平面"，象征着远行的人一路顺风和家居平安。

"太平燕"是福州的又一道著名的福菜。"太平燕"寄托了安定吉祥、事事如意、一帆风顺等美好的愿望。按照福州的风俗习惯，过年过节或者喜庆的日子，餐桌上都会有这道菜，尤其是在婚庆酒席上，这道菜上桌的时候还需要放鞭炮烘托热烈的氛围。太平燕由上好的猪肉和番薯粉制成，味道鲜嫩，一直深受福州人民的喜爱。又如宁德的特色菜地瓜扣，象征着长长久久、长命百岁，是宁德地区的大众喜欢的吉祥菜。

这些独具地方特色的美味佳肴与欢乐吉庆的节日和人生世俗结合在一起，勾画出一幅国富民安、祥和太平的美丽画卷。

佳节庆典自然少不了美食助阵。福州拗九节是全国独有的敬老孝亲节，在这一天，出嫁的女儿要为父母和长辈煮拗九粥，这一习俗称为"送福粥"，表达对长辈的尊敬和祝福；在闽西客家人的节庆筵席上必备一道吉祥菜"八大碗"，其象征着长命百岁、平平安安、福禄双全。客家人在办完喜宴之后还会奉上"米茶"来招待客人，表达主人对亲朋好友的感谢，也有与客人共享快乐和幸福之意。

（2）服饰中的"福"俗

服饰从物质形态来看，能够反映某一时期人类生产实践水平，从精神层面来看，反映了社会生活中人们的文化追求。福建的地方服饰呈现了福建特色的"福"文化。在福建各地，人们普遍会在喜庆节日穿上鲜艳的衣服，多数为红色，并佩戴上首饰，有的还会在头发上插上红花，意寓为趋吉避凶。女性尤其注重服饰造型，在生产生活中，福建各地女性创造了个性化的服饰，体现了她们勤劳朴素、勤俭节约的品德，也见证了她们追求美好生活，不断创造奇迹的过程。

黄斗笠、花头巾、短上衣、宽裤筒、银腰链——这是福建惠安女性服饰的特点。短衫便于劳作，宽裤便于涉海，花头巾可以御风沙，惠女服饰体现了惠安女性吃苦耐劳的品质，而银腰链形状如船上的锚链，寄托了惠安女对出海的亲人们深深的挂念和祝福。惠女的服饰树立了惠安女"自信、自我、自由"的形象。泉州蟳埔女的

蟳埔女服饰　　　　　　　　传统惠女服饰

服饰与惠安女的服饰相似。蟳埔女服饰俗称"大裾衫、阔脚裤",衫不露脐、不带腰饰,清一色黑色大筒裤,头顶的"簪花围"别具一格。大裾衫显示出女性柔美的曲线,阔脚裤则便于海上劳作,用鲜花装饰的"簪花围"更是把蟳埔女爱美爱生活的特点体现得淋漓尽致。

"帆船头、大海衫,红黑裤子保平安。"海蓝色的斜搭襟中式上衣,下黑上红的裤子,头上的扁平发髻恰似一叶帆船。这是湄洲女传统服饰——妈祖服。据说这种装扮是妈祖生前的打扮:海蓝色象征大海,红色和黑色分别象征吉祥和思念,帆船头也叫"妈祖髻",湄洲岛上的女孩出嫁时都会盘帆船头。这恪守千年文化的传统,承载着人们对幸福生活的愿景。

畲族传统服饰以精致的畲族手工刺绣装饰,绣有象征吉祥的凤凰、喜鹊、梅花、牡丹、"福"字、"喜"字等图案,这些独特美丽的图案同样表达了祈福纳祥的愿望。

妈祖髻

在生活与劳作中,福建女性怀揣爱美之心,创造了独具特色的服饰装扮,表达着对美好生活的热爱。

(3)建筑中的"福"俗

建筑与百姓起居紧密相关,福建百姓除了房屋的构造和装饰上融入了大量的"福"元素外,各地的建房习俗和乔迁礼俗也表现出了丰富多彩的"福"文化。

在建房方面,福建各地虽然仪式稍有不同,但是在建房前都要请先生选福地、择吉时。在破土之前一般要行"报土"祭拜礼俗,主人再准备好酒菜款待工匠,有的地方还要贴带有吉祥含义的符令等。而破土动工之前，木匠师傅要先拜"鲁班先师"，泥水师傅拜"荷叶仙师"，与房主一起祈求工程顺利，施工平安。破土的吉时各地讲究不同，例如福建晋江认为丑、寅时最佳，如果赶上下雨天那就最好不过了。为了讨个吉利，莆田、惠安等地在破土时还须穿上喜庆的红衣；尤溪人则会把挖出的头几筐土向上堆放，象征家业兴隆。

在福建，打地基仪式又叫"下基石"，"地打牢，万年兴"，这是广泛流传于福建民间的一句俗语。地基挖好后，通常还要再次选择吉日吉时正式开工建房。开工后，主人除了聘请专业的木、泥、瓦匠外，也会邀请邻居和亲友来帮忙，这是福建人和谐互助的表现。开工日除了要给工匠包红包外，还要宴请亲友和工匠。建造过程中，每逢农历初二和十六也要宴请工匠和帮工。

架设主梁是造房子的重要环节，要举行隆重的安梁仪式。主人通常会在安置主梁的位置贴上红联或者直接在梁上书写吉祥话，比如"吉星高照""添丁进宝"等，表示对未来美好生活愿景。在安置主梁的吉日，房主一般要亲自到场，烧香礼拜，燃放鞭炮，随后在大梁两端压上或者挂上象征吉祥兴旺的铜钱或者五谷，表达对未来生活的美好期待。整个工程结束后，房主要再次宴请工匠和亲友。莆田仙游一带在房屋建成后，主人家会在锅内炒糯米谷，爆成米花，表示吉庆。

新房落成之后就要乔迁新居了。福建地区乔迁的礼俗也十分隆重。闽南人把乔迁新居称为"入厝"，莆田则称为"过厝"。入住新家一般都要选择吉时，讨个好彩头。莆田地区一般选择初一或十五，因此莆仙当地有初一、十五不用问路的民谚。在搬入新家前房主一般会准备一些带有喜庆、吉祥寓意的物品放入新房中。比如，福州人会先放一套文房四宝，寓意子孙好好读书，门第兴旺；莆田百姓会在大门前挂上红灯笼，红灯笼上写有房主的姓氏，还要在门窗上贴上红联；闽南地区女房主的娘家人需准备"母舅联"以示庆贺，并且搬家时所有的生活用品及家具都要贴上红纸，代表吉祥如意。

迁居当天各地福俗也有不同：福州地区搬家入宅的当天要烧一壶开水，寓意财源滚滚；另外还有入房当天不倒垃圾的习俗，以示留住财源。莆田地区过厝的习俗繁杂而且隆重，一般仪式在吉日零时进行。新房的主人要挑一担谷箩进门，谷箩内放上若干五谷种子及杆秤一把，象征五谷丰登；还要准备一担水桶，里面撒上菊花、柏叶和几枚铜板（今用镍币），寓意财如水涨；谷箩担内置放一个烘炉，烘燃木炭和盐米，使炉内传出爆响，俗称"起焰"，以此象征一家人今后的生活红红火火；还要竖起一个大笠盂，滚进新房，寓意聚财。挑谷箩和水桶的人要喊着吉祥话或祝福语来到新居门口。事先候在新房里的家人要从房里向外抛撒盐米，表示驱邪；在房外的人则向房内抛铜板，同时喊诸如"发财"等吉祥话，表示对房主的祝福；房主则取新扫帚从门外朝门内扫去，意为把旧厝的财气再聚于新居。

正式入住新家之后一般要举行庆祝仪式。福州称之为"闹房"，莆田则称为"过厝酒"，此时亲友也会前往祝贺。"一担盘"（一担挑礼盘，也叫"担盘"）是莆田过厝最高规格的贺礼，在盘子装有代表长寿的线面，代表五谷丰登的饭团等。

2. 节日民俗中的"福"文化

"福"文化还集中体现在节日民俗活动中。福建有不少具有地方特色的节庆民俗活动。

（1）传统节日民俗中的"福"文化

春节是中华民族最隆重最盛大的传统节日，全国各地的人们会举行各种求福攘灾的民俗活动。春节来临，家家户户会在门窗上贴"福"字，这正是人们求"福"愿望和心理的典型反映。福建还有一些具有地方特色的年节福俗。例如闽南有大年夜"围炉守岁"的习俗：在寒冷的年夜，全家人围在暖烘烘的锅炉旁痛饮畅谈，聊聊过去一年的生活，畅想来年的计划。在福州，大年初一要吃太平面，以此祈求一年平平安安。在莆田，一年要过两次春节，第一次

是在年三十"做岁",第二次是在正月初四"做大岁"。这一习俗源于明代。当时倭寇屡屡侵犯福建,有一年除夕,倭寇又到莆田所在的兴化府烧杀抢掠,人们纷纷逃进了山里。后来倭寇被抗倭将士打退,人们回到家里,但是年没过成,而且很多家庭失去了亲人。大伙儿都觉得没过好年,应该再过一次,但按照莆田习俗,年初二是治丧的日子,于是就定在初四再过一次年,而且办得更隆重。这一习俗就沿袭至今,体现了人们对国泰民安的渴望和珍惜。

元宵节又称为上元节,福建的元宵节庆祝时间长且形式多样,除了吃汤圆(元宵)之外,各地特色风俗丰富多彩。福建在元宵节前几天,家家户户就陆续在门前挂起大大的红灯笼,做好迎接元宵的准备。元宵节福州有给新嫁女送灯和甘蔗的习俗,因为"灯"与"丁"谐音,以此祝福新人早日添丁;甘蔗则意味幸福生活节节高。"踩街"是平潭民众元宵夜必不可少的活动,老老少少提着灯笼、举着藤牌加入"踩街"队伍,为家人祈福。"吃花"是莆田特有的元宵民俗活动,身怀绝技的表演者自如地戏耍灿烂的烟花,体现了莆田人的健壮勇猛。泉州地区以独特的高甲戏、布袋木偶戏、火鼎公婆、拍胸舞等"闹春"民俗来表达人们迎春纳福的愿望。客家人则上演游大龙、"走古事"、踩高跷、划旱船、打太平鼓等传统民俗活动,展现人们对于幸福生活的期盼。

福建民间过端午节同全国各地一样都要吃粽子、挂艾蒲、贴对联、放黄烟、饮雄黄、佩香囊、画五色符,各地也要赛龙舟。清朝末年福建民间流传的《五月节诗》云:"江上龙舟竞,囊中麝瑙诸。家家忙裹粽,户户喜悬蒲。祛毒雄黄酒,镇邪五色符。黄烟才放罢,又贴午时书。"高度概括了福建民间端午节的习俗。与众不同的是,福建寿宁是在五月初四过端午节,这是为了纪念救人民于水火之中,为建立寿宁县立下功勋的13位"义勇大夫"。福建端午节的民俗活动不单单是中华优秀传统文化的传承,更是爱国精神和崇福精神的体现。

中秋佳节是中国的传统节日,在福建,中秋节的民俗活动多种多样、精彩纷呈。在福建晋江，中秋节家家户户要蒸番薯芋头祭祀土地公，表达对五谷丰登、六畜兴旺的期盼。福建人还有中秋拜月的习俗，一家老小聚在月光下，吃月饼，祈平安，寄托对旅居异地亲人的思念。在福建厦门，中秋除了吃月饼外，还有一种"博状元"（又称"博饼"）的民俗

厦门有中秋博饼的习俗

活动。相传这是郑成功在闽南驻兵准备收复台湾时，为了宽释士兵节日的思乡愁绪，激励鼓舞士气所创。博饼时十多人围坐一桌，轮流将6个骰子掷入瓷碗中，以呈现的点数对应科举的功名，以此博得好兆头。如今，"博饼"活动已经成为活跃中秋节气氛的重要活动，表达了闽南人民爱拼敢赢的精神和对生活的热爱。与"博饼"风俗齐名的还有"烧塔"的习俗。在福建沿海一带，人们会在中秋节点燃"塔仔"。因为福建是宋元时期世界商贸中心，历史上有不少的人出国谋生，由于当时的海上出行要依靠季风，出国谋生的人往往是一去数月甚至数年无法回家，令家人牵肠挂肚。每逢中秋节，人们会点燃航标塔上的灯火，或在空地上摞起"塔仔"，塔身燃得通红透明，以此表达对亲人的思念，期盼家族事业兴旺。

（2）特色节庆活动中的"福"文化

除了传统节日，福建还有很多特色节庆活动，也蕴含了深厚的"福"文化。

游神是福建沿海地区很有地域特色的民间庆典，一般在正月举行。福建民间信俗众多，因此就有很多的游神活动。对于福建人来说，将庙里的各路神明请出，至乡镇各处巡境，是隆重的仪式，热闹非凡，总能吸引很多人前往观看。游神活动目的在于祈求风调雨顺、合境平安。这种民俗活动不但丰富了人们的娱乐活动，促进邻里

族人之间的关系，又寄托了人们百业兴旺、国泰民安的愿望和期盼。

福州的拗九节，也是福建特色节庆之一。在福州人的传统观念中，数字"九"是最吉利的数字。每逢正月二十九日，每家每户都用糯米、红糖、花生、桂圆、红枣、荸荠、芝麻等原料，煮成甜粥，称为"拗九粥"，用来祭祀祖先、馈赠给亲朋好友。已出嫁的女儿也必定熬一碗"拗九粥"送回娘家，有的还要带上太平面、蛋、猪蹄等，以此孝敬父母。浓厚的节日气氛传递了儿女对父母的一片孝心。

在闽台地区，每逢农历七月十五就要过中元节，也称"鬼节"。中元节的主要习俗是祭祀先祖。在闽南地区，中元节甚至是比清明节更重要的祭祖日。中元节当天，家家户户会精心筹备酒肉、糖饼、水果等贡品祭祀逝去的先人，祈求家庭平安幸福，并提醒自己谨言慎行。

到了年末，闽南和台湾地区就迎来了隆重的"尾牙"。这个节日与东南沿海的土地公信俗有密切联系。在农历腊月十六这一天，人们会祭拜土地公，祈求粮食丰收、生意兴隆。这个节日对商人来说意义重大，每到尾牙日，各个商家要宴请员工，犒劳辛苦了一年的伙计。如今，各个企业同样会在"尾牙"日宴请员工，大家一起分享美食，其乐融融。

福建的湄洲岛是妈祖文化的发祥地。妈祖信俗传承千年，远播20多个国家和地区，在海内外拥有2亿多的信众，成为福建文化标识。妈祖文化崇奉和颂扬海神妈祖的"立德、行善、大爱"精神，在传播过程中形成了一系列庙会仪式和福俗。在妈祖诞辰日（农历三月二十三）、升天日（农历九月初九），海内外信众会举办隆重的庙会活动，包括开幡挂灯，上演莆仙戏、木偶戏，表演武术杂耍，以及妈祖神架巡游等。人们以热烈隆重的仪式来祈求家人平安、风调雨顺。

3. 戏曲中的"福"文化

戏曲是一种特殊的文化符号，看戏亦是人们日常生活中重要的娱乐休闲活动。福建戏曲种类繁多、特色鲜明、内涵丰富，演绎着福建人民创造幸福生活的故事，也传播着福建特有的人文精神，成为"福"文化延绵发展的重要载体。福建戏曲历史悠久，剧种繁多，具有鲜明的地方特色。其中，以闽剧、莆仙戏、梨园戏、高甲戏、芗剧（歌仔戏）五大戏曲最为出名。

各色戏曲艺术皆形成了不少深受人民群众欢迎的优秀剧目。从剧目的主题来看，祈福纳祥、阖家团圆、国泰民安等主题的剧目最受欢迎。比如闽剧《陈靖姑》、莆仙戏《海神妈祖》、梨园戏《陈三五娘》和南音《邂逅·丝韵》等经典剧目，都是以戏曲形式对积德行善、祛病消灾、亲情爱情等在内的"福"文化的褒扬与宣传。

与福建丰富的民间习俗活动相颉颃，福建的戏曲在传统乡土社会也发挥着多种祈福功能。福建的民间习俗活动亲切生动，民众参与广泛。因为很多戏曲剧目都有驱邪避祸、迎吉纳福的寓意，各种戏曲表演就成了民间酬神活动和节日庆典的重要环节。反之，在一些戏曲表演正式开场之前也会有特殊的祈福仪式。例如闽南地区的歌仔戏在正式开演之前都要表演的一段特色戏，这一部分的表演就类似于祈福，从侧面体现了乡民浓得化不开的求福心态。

三、"福"文化的传播

"福"文化的传承和发展离不开多渠道的传播。"福"文化的传播渠道主要有传统节日传播、文学传播、教育传播、新媒体传播和公益活动传播。

1. 传统节日传播

传统节日既是"福"文化的重要组成部分，又是传播"福"文化的重要载体，具有极其丰富的文化内涵。传统节日依靠各种具体的节日习俗落实在人们的生活中，在长期的耳濡目染、身体力行过程中，崇福、求福的理念也随之代代相传。

春节是中华民族最重视、最隆重的传统节日。对于中国人民来说，"福"文化并不是看不见摸不着的东西，它真实呈现于每一个

人的生活中。做个有"福"之人是每个中国人一生追求和奋斗的目标。比如每逢春节，晚辈要登门给长辈拜年行礼，这体现出中华民族尊老的美德。而长辈会给晚辈发压岁钱来表达对他们的关爱。通过登门行礼和小小的压岁钱，一来一往，将"福"文化中倡导的孝老爱幼、家庭和睦代代相传。过春节时家家户户贴"福"字、挂春联，用吉祥的春联来表达对新一年的期许。除此之外，人们还会互相"送福"。福建各地在春节期间通常会举办一些送春联、题"福"字的活动，邀请民间书法家挥笔书春联，请艺术工匠制作吉祥图案的剪纸、刺绣作品，赠送当地居民。人们在互赠春联、传递吉祥艺术品的过程中，"福"文化也得到了很好的传播。

端午节蕴含的福意则是对生命健康的重视，同时也体现了对爱国精神的弘扬。每到端午节时，人们会在门前挂艾叶、菖蒲，饮雄黄酒来驱除蛇虫瘴疠，可见人们认为健康是"福"。家家户户挂菖蒲衬出了浓浓的节日氛围，也传承了"福"文化。吃粽子和划龙舟这些传统活动也表达了对爱国主义诗人屈原的怀念，从而弘扬和传播了爱国精神。

除了传统的节日活动，人们在节日中穿着的特色服饰也是传播"福"文化的重要载体。

2. 文学传播

文学作品是文化的传播载体，自古以来具有极大传播能力。以我们熟知的《论语》为例，其融汇了中国文化的精髓——"儒家学说"，被意大利传教士译成拉丁文带到欧洲，从而名声大噪，对儒家学说的传播起到了很大的推动作用。"福"文化的传播同样离不开文学作品的传播作用。

文学作品的传播形式多种多样，除了以书籍的形式进行传播，还可以通过文学朗诵、诗词传唱、故事讲演以及主题研学活动等形式流传。

2022年4月，福州鼓楼区举办了"福"文化主题诗词朗诵会，让观众领略了福州著名诗人的诗作，在春暖花开的季节，通过诵读古诗词感受"福"文化文学作品的魅力，在潜移默化中促进"福"文化的传播。2022年7月，福州市举办"福满榕城——福州·福韵"主题征文活动，面向全社会征集关于"福"文化的优秀文学作品，鼓励用美好生动的文字深入挖掘"福"文化内涵，讲好"福"文化故事，助力打造闽都文化国际品牌。

2022年7月，福建宁德周宁县开展了"福"文化文学创作公益讲座，不仅加深了文学爱好者对"福"文化的理解，更进一步开拓了创作思路，激发了创作热情，有力推动周宁文艺界乃至全社会关注"福"文化、乐享"福"文化、传播"福"文化。

3. 教育传播途径

教育传递是文化传播的重要方式。教育既是人们学习文化的重要过程，也是文化传播的内在要求。传递文化是教育的基本职能。"福"文化的传播既包括时间上的延续，也有空间上的扩展。通过教育传播，"福"文化逐渐成为福建群众价值观的一部分，成为百姓生活的重要组成部分。

教育传播的方式包含课堂教育、教育基地研习、主题研学等。福建省通过推进"福"文化进校园，使学生感受"福"文化的魅力，这就是一种典型的教育传播方式。为了进一步激发学生对"福"文化的学习热情，让学生对"福"文化有更深的了解，福建中小学校园中开展了"福"文化讲座，举办"福"文化手抄报、"福"文化征文和绘画比赛，讲"福"文化故事，还举行"福"文化主题开学典礼等形式多样的"福"文化宣传实践活动。各中小学纷纷根据各自的办学特色，或结合当地传统民俗文化，积极推动"福"文化进校园。其次，通过主题研学活动传播"福"文化。例如福州船政学堂举办的"船政学堂拜师礼"，借助复古的拜师入泮仪式，开展海洋教育，弘扬船政文化。福州船政学堂创办于1866年，是中国第一所近代海军学校，也是中国近代航海教育和海军教育的发源地。福州市中国船政文化景区于2017年12月正式入选我国第一批"全国中小学生研学实践教育基地"，成为福建省入选的

四家基地之一。来自福州各地区的中小学生在福州船政学堂重温了被称为"入泮"的传统儒家拜师礼，开启了庄严的国学研学课程。这是福建省"福"文化研学实践探索过程的一个缩影。为了更好地传播"福"文化，福建省还结合各地特色旅游资源推出五条"福"文化主题研学旅游线路，即闽南文化研学之旅、红色文化研学之旅、客家文化研学之旅、妈祖文化研学之旅、世遗文化研学之旅，并通过整合省内同类文化旅游线路，打造享誉海内外的经典旅游线路，进一步增强青少年对"福"文化的认知度、关注度、参与度，释放"福"文化广泛的社会影响力。

4. 新媒体传播

新媒体打破了信息传播者与接受者之间的边界，实现了信息的双向传播，且传播内容多元化，又具有原创性。也因此，通过新媒体传播"福"文化更具实时性，选择空间更大，个性突出，形式更加多样。

手机媒体真正跨越了地域空间和电脑终端的限制，信息传递快，信息形式由静态向动态演变，受众能够自主发布或转发信息，信息的互动性更强，使得人际传播与大众传播完满结合。2010年，福建首创"福段子"手机网络文化传播活动。"福段子"紧扣福建"福文化"的核心内涵，融合了祝福海西、祈福两岸、传福八闽三方面寓意，以进一步弘扬福建本土特色人文、历史、习俗等传统文化和现代文明。"福段子"以短信、彩信、手机视频等形式发布，并利用"福段子"官网、WAP（无线应用协议）网站等渠道扩大传播范围，是用手机媒体传播"福"文化的首次尝试，取得了很好的宣传效果。

在今天这样一个由计算机、互联网、移动通信、新媒体、人工智能、大数据等构筑而成的数字时代，数字技术为"福"文化的传播带来了新的生机。数字化的采集储存与场景复原、数字化展示、虚拟现实等技术的发展为"福"文化的保护和传承发挥积极作用。数字传播集合了语言、文字、声音、影像等元素的传播途径，凭借传播渠道的多元化、表现形式的新颖性、交流模式的深入化等特点有力地推动了"福"文化的传播与发展。

近年来，福建省积极推动"福"文化的数字化保护、传承与弘扬，将互联网、三维、AR（增强现实）和VR（虚拟现实）等数字化新技术越来越多地引入"福"文化遗产保护和传承中，使"福"文化活在当下，走向未来。从2015到2018年的三年时间里，福建省完成了对20位国家级非物质文化遗产代表性传承人的抢救性记录，采集寿山石雕、脱胎漆器、客家土楼、妈祖信俗、福州评话、南音等类目，共计3000余条影像和文字资料，并建设闽南文化生态保护区数据库，为后人传承、研究、宣传、利用"福"文化留下宝贵资料。福州的"福"文化博物馆采用了幻影成像、体感互动等新技术，将静态展陈与动态展演相结合，打造交互沉浸式展览空间，为广大参观者呈现动静结合、视听融合、交互沉浸式的"福"文化空间。

用贴近生活的数字化传播方式，让"福"文化听得见、带得走、学得来。目前，福建省已对40项非物质文化遗产项目进行声音资料的采集，并通过福建省艺术馆（福建省非物质文化遗产保护中心）主办的"福建省非遗博览苑"公众号发布。读者只要在微信公众号上发送非遗项目名称，便可获取相关的口述或表演。通过扫描AR卡片、AR电子书，人们便可以在手机上观看三维立体的非遗展品。此外，戴上VR眼镜，观众便可置身传承人工作室，跟着学习非遗技艺。随着5G、大数据和人工智能等新一代数字化技术的普及，以及虚拟再现技术、体感技术、智能技术的迭代发展，未来"福"文化将进一步借助数字化技术蓬勃发展。

随着互联网技术的迅猛发展，网络媒体成为人们生活的一部分，深刻地影响着人们的思想和行为方式。"福"文化的传播与发展同样需要积极拥抱互联网，实现跨界融合。互联网能够大大丰富"福"文化的传播方式。一场书法展览，参观者络绎不绝；一出闽剧表演，现场座无虚席。然而，这种传统的传播方式只具有"点"

的优势，不具备"面"的效应，受众数量有限，传播方式也受到时间和地点的限制，不具可持续性，且受众只是单纯观赏，无法满足互动需要。互联网技术则弥补了上述传播方式的弊端。互联网的开放性、共享性为"福"文化资源搭建了最广泛的传播平台。通过互联网，传统文化数字资源可以无处不在、无所不及，人们可以遨游到千里之外的文化景观之中，也可以探索散落在大街小巷的手工技艺。互联网的即时性、便捷性打破了传统文化传播的时空限制，能够做到"无缝传播"。互联网极大压缩了传播的时间差，让世界缩小成地球村，真正实现了古代与当代的连接、中国与世界的对话。互联网的平等性、交互性改变了传统的单向传播、中心化传播方式，也转变了人们在传播过程中的角色。大众可以是传统文化的接收者，也可以是传统文化的传播者。互联网时代，"人人都有麦克风、个个都是自媒体"，都能为中华优秀传统文化的传承和创新贡献自己的力量。互联网技术的应用，为"福"文化传播打开了一扇新大门，为构建一个"全方位、多层次、宽领域的中华文化传播格局"提供了现实可能性。

5. 公益活动传播

公益活动传播也是"福"文化传播的重要方式之一。具体地说，公益传播就是利用传播媒介向社会公众传递公益理念和信息，呼吁其支持和参与公益活动，从而最终实现社会公共利益的信息传播活动。公益传播的形式多样，如公益广告、公益节目、公益活动等等，因公益传播的主体、内容主题的不同，传播平台也不一样。近年来，福建省通过搭建公益平台，如各级文化网站以及学习强国平台等来传播"福"文化，并举办各种公益活动，如"福"文化主题论坛、"福"文化旅游节、"福"文化主题书画艺术展、"福"文化文艺下乡等公益活动，助力打造"福"文化品牌。

2022年3月1日，福州鼓楼区"福"文化系列活动之"八方来福"主题论坛在鳌峰坊李世甲故居举行。主题论坛围绕鼓楼区的福山、福水、福楼、福道、福茶、福泉、福园、福厝、福地展开，众说中华传统民俗"福"文化，展示"福"元素。福州市鼓楼区还不断创新"福"文化的传播方式，建立起"福文化传播读诵基地"，通过主题宣讲、诗歌诵读、大合唱、故事汇、快闪、灯光秀、游园等活动形式，结合"世界读书日"活动、"书香八闽"全民读书月活动，开展"福"文化主题读诵，邀请各界人士参与朗诵活动，让群众对"福"文化有更深的认识，使老街巷、文化街区、古建筑活起来，使福山福地的居民们更有获得感、幸福感、安全感。

2022年1月19日，漳平市第十一届樱花（福）文化旅游节在漳平市永福镇开幕。文化旅游节以"花开永福·香飘四海"为主题，推出"百福园"旅游项目，举办文创集市、永福精品花卉展和闽台美食嘉年华，游客可以登福山、祈福愿、印福章、品福茶等。

2022年2月，宁德屏南县政协书画院隆重举办"福星高照·福佑中华'福'文化主题书法展"。书法展览上作品精彩纷呈，充分展示了中华传统"福"文化的精髓，表达了艺术家们对祖国、对家乡的无限热爱。

2022年1月15日，在南安市梅山镇演园村活动中心里，文艺志愿服务队为乡亲们献上了一场别开生面的木偶表演。南安市组织文艺志愿服务队到基层一线，通过写春联送"福"字、戏剧表演和非遗项目展示等群众喜闻乐见的形式，为群众送上新春文化大餐，传播"福"文化。

在南平市，为了打造南平本土"福"文化品牌，2023年1月19日，"福进万家"文化下乡志愿活动走进了建阳将口镇松柏村。南平市文艺馆充分发挥自身优势，精心组织了一支文化志愿者队伍。来自书协、美协的志愿者为村民们免费写春联送祝福，舞协志愿者现场教授自行创编的快乐健康舞。村民们领春联、晒福字、学舞蹈，丰富多彩的惠民活动吸引了许多村民前来，村民感叹"热热闹闹的，特别有年味，福到家啦！"

在福建各地，异彩纷呈的"福"文化公益活动遍地开花。人们通过这样的方式广泛地传播"福"文化，使"福"文化代代相传。

第四章 "福"文化的主要特征

第一节 体现"福"的意涵文理

一、融入中华传统"福"的意涵元素

中华福文化源远流长,历久弥新。中国最古老的象形文字中就出现了"福"字,至今约有三千年历史,博大精深,雅俗共赏,表现出巨大的包容性、丰富性和群众性。专家考证,贴福字的风俗早在南宋已经开始,同时,诸如祝福、祈福、赐福、请福、接福、纳福、摸福等各种仪式和活动也传承至今,成为中华民族特有的生活习俗和文化符号。

我国文字史上第一部重要著作《说文解字》中记载,"福"是形声字,从示畐声,声符同时兼表字义。"畐"本来是象形字,是"腹"字的初文,上像人首,"田"像腹部之形,腹中的"十",表示充满,因此"畐"有腹满之义,"福"字的本义就是吃饱肚子,吃饱是福。可以说,对古代中国人来说,一切好人和好事就是福。从以上释义可以看出,福与人的物质生活、精神生活都存在密切的关联。以周易五行分解此"福"字:"礻"(属金)、"一"(属土)、"口"(属木)、"田"(属火)、"福"(属水),得出二水、一木、一

火、二土、一金。按五行相生之道理，"水"生"木"，"木"生"火"，"火"生"土"，"土"生"金"，正好五行相生且五行生"金"，因此又被称为"生'金'之'福'"。又因为没有平安万事空，所以平平安安是人间第一"福"。新中国成立以后，人民生活越来越平安和谐，国力不断提升，广大人民共享盛世太平之福。不仅仅针对人，"福"还囊括着世间万物和谐之意。我国政府提出要尊重自然规律，建立生态文明制度体系，即用"平安天下，福满人间"的理念为地球家园祈福，延续自然赐予人类的幸福。

中华福文化是中国最古老的传统文化。什么是"福"，抽象地说：福是人们最渴望得到的，不懈努力追求的。人们如此祈盼的"福"具体包括哪些方面呢？第一层面，"衣食是福"。传统福字距今有几千年历史了，它是中国最古老的汉字之一，形体变化较多。按象形而论，不管以酒祭天之说，还是求取"五福"之论，数千年前我们祖先最初的祈福目的主要还是为"衣食"。直到今天，绝大多数人也还是把"衣食"作为福的基本追求。"衣食"位于物质层面，物质是"福"的前提。"民以食为天"，"贫穷不是社会主义"，"以经济建设为中心"，这些事理都在强调"衣食是福"。第二层面，"平安是福"。"平安是福"源自《庄子》的"平安为福"，距今有两千多年。是什么让古人产生"平安是福"这种理念的呢？应该是自然灾害与战争。"平安"是一种状态，是人们对平和安定生存过程的渴望。没有平安就没有一切，平安是"福"的基础保障。我们日常说的"长命百岁""安度晚年""健康是福"，以及"安全第一""创建平安城市"都是祈福"平安"的写照。第三层面，"和谐是福"。人在拥有"衣食"满足和"平安"状态后，对福的更高追求在精神层面，也就是"和谐是福"。"和"文化集中国传统文化之大成，在中华民族发展史上起重要作用。"和"涵盖了：谦和、和善、和顺、和睦、和美、协和等方面，从以上任何一个词语中都可以找到幸福的追求点。"和谐"居于精神层面，"和谐是福"是中国人对福的一种精神感觉。每个人的精神追求不同，但以"和谐"为代表的"和文化"所涵盖的祈福理念却能符合绝大部分人的诉求。综上所述,"福"是人们根据自身渴求,对物质、精神及平安健康状态的综合性的追求。

二、诠释闽台"福"的意涵特色

在中华民族的精神积淀和文化底蕴中,"福"有着特殊的意义。福建以"福"命名,其所蕴含的"福"文化资源和内涵自然十分丰富。历史上,随着福建沿海百姓迁徙台湾,福建的"福"文化自然融入台湾地区,并随着当地民俗的演化发展而进一步转化。两岸血缘相亲,文缘相近,"福"文化根基深厚,展现了闽台斩不了、割不断的亲情关系。

饮食是"福"文化的重要组成部分。从闽南菜发端而出的台湾菜与福建饮食文化一脉相承。我国北方人爱吃馒头、面条,南方人则以稻米为主,随着大陆军民将南北各省的美食带入台湾,台湾原本单调的饮食结构自此更加丰富,形成以闽菜为基础的多元饮食口味。比如,在台湾逢年过节的喜庆日子里,闽菜"佛跳墙"自是必不可少。

台湾民间有个词语称"办桌文化"。"办桌"就是"办一桌菜宴客"的意思。"鼎灶路边摆,酒席沿街设",这是对台湾"办桌"饮食文化的真实写照。早在清代台湾就有了"办桌文化"。这一文化特色也是随着闽人迁徙台湾而形成的。事实上,在当前的福建民间,每逢祭祀庆典、过厝乔迁、结婚喜庆、满月庆生,百姓都会以"办桌"的形式来庆贺,以显隆重。这种习俗既体现了闽台两地的人们对节庆日子的仪式感,也凸显了两地对饮食文化的重视和讲究。"家有喜事及岁月时节,宴客必丰",这是清代台湾地方志中描述的办桌文化。在台湾还有个从饮食文化中衍生出的职业,名为"总铺师"。所谓"总铺师",实际上是负责"办桌"菜色搭配和上菜流程的负责人。菜式不仅要精选,更要有好的名称,上菜的次序要根据宾客座位的排列进行,这些都是有讲究的。

"祈福"文化是闽台"福"文化的又一重要体现。唐玄宗李隆基说："事天地能明察，则神感至诚而降福佑。"在传统文化中，"福"的本义是祈求神明，获得上天的护佑和帮助。西汉许慎所著《说文》中说："福，佑也。""佑，助也。"人的祈福活动就是祈求神明相助的仪式。在闽台"祈福"活动中，向妈祖祈福无疑是其中最重要、参与人数最多的活动。妈祖文化是以妈祖信俗为核心，妈祖宫庙、祭祀仪式、传说神话、文学艺术等为主要载体，衍生并融合各种文化元素发展而形成的一种特色文化。妈祖信俗不仅仅是一种民间信俗，也是海外赤子寻根怀祖、文化认同的具体精神载体，已成为联系世界人民、海外侨胞，尤其是两岸同胞的重要桥梁与纽带。据不完全统计，目前全世界41个国家和地区共拥有妈祖宫庙上万座，妈祖信众有两亿多人，台湾有三分之二的民众信奉妈祖。台中大甲妈祖绕境进香影响力巨大，每年吸引数百万信众参与庆典活动。妈祖信俗及其衍生出的文化形式和文化空间博大精深，为后世留下的十大系列习俗，如妈祖祭典、妈祖回娘家、三献礼、妈祖庙会、妈祖巡安、海祭、贡品、妈祖传说等，还包括与这些习俗相关联的诸多文化元素，如庙宇建筑、神像雕像、祭器贡品、传说故事、诗文歌曲、舞蹈戏曲、匾碑楹联、服饰礼节等。这些元素的背后都蕴含着闽台两地人们对福气的向往和追求。

　　闽台渔船的装饰也体现了福元素。"木龙"这个称呼是闽台捕鱼人口中的渔船，他们认为鱼虾服龙，木龙可保年年有鱼、岁岁丰收。船身下方两侧通常有一对外围白色、中间乌黑的眼睛，即"船眼"。每逢新船造好之后，安装船眼时，都要举行"定彩"仪式，这是约定俗成的。船主先择定吉日，再用五彩丝线连同船眼一起钉在船头，然后用新的红布或红纸套在船眼上，即为"封眼"。待新船下海，在锣鼓鞭炮声中，船主将红布或红纸揭去，意为木龙"启眼"，即画龙点睛之意。另外，闽南和台湾地区渔民造船时，喜欢把铸有"乾隆通宝"字样的古铜钱作为"船魂灵"，置于渔船水舱。这是借乾隆之谐音，寓意吉祥与龙威。

闽台两地民间的雕刻技艺和建筑结构也多蕴含"福"文化元素。闽人工艺美术历史悠久,技艺精湛,产品丰富多彩,尤其是雕刻工艺。比如莆田,有"雕刻之乡"的美誉。其中木雕以精微透雕见长,风格精致细腻,古朴典雅,富有层次,历代以来都有优秀作品传世。早在唐代,莆田民间就开始把雕刻艺术应用于日常生活中的盘、碗、尊、瓶、壶、炉、罐、盂、盒等器具上。同时,雕刻艺术在民间建筑上也有所体现:人们在盖房子、建庙宇时雕梁画栋,塑佛像、凿石狮,在门、柱、檐、梁等房屋构件上以及床等家具上题诗刻字、雕龙画凤;在修建桥梁时,在桥面、扶栏上镌刻花卉和吉祥动物的造型。建于宋朝的东岩寺,其塔座浮雕就是雕刻艺术的经典之作,浮雕上的37只石狮子栩栩如生。元朝莆田雕刻艺人俞良甫翻刻的佛经和文学作品,甚至流传到了日本,至今仍被视为珍品。到明清以后,莆田的工艺美术行业已经非常繁荣。历代以来,福建地区涌现了游伯环、廖明山、廖熙、廖永等雕刻大师。廖熙、廖永兄弟合作的木雕关公像,在巴拿马世界博览会上获得一等奖。台湾的雕刻工匠技艺中既有福建以上工匠技艺的传承,又有自己的特色。比如在创作主题方面展现了五谷丰登、年年有余(鱼)、平(瓶)安如意、松鹤延年等意涵,表达了对美好生活的向往。常见的《三多图》,由佛手、金瓜(或桃子)、石榴三种植物果实组合而得名,采取谐音、象征手法,代表多福、多寿、多子。在建筑特征上,多有将龙凤图案、双龙戏珠、福禄寿三仙等刻在翘脊燕尾飞檐之上的。台湾民众在居住方面,从备料到建造,再到入住,有一整套规定仪式,其中很重要的一项便是新屋落成后要贴对联以示吉利,联额大多有"大启尔宇""千祥集庆"等,对联大多为"祥云择日,凤凰来仪""瑞霭佳地,福临吉宅"等。

节庆习俗也是闽台"福"文化相近的一个重要表征。海峡两岸同胞同根同源、同文同种。台湾节日习俗是由从祖国大陆移居台湾的先民带来的。比如春节,在海峡两岸,春节都是阖家团圆的盛大节日。在台湾,从农历十二月二十三日"送灶王",到次年的正月十八"落灯",这期间都属于广义上的春节。期间还有农历腊月二十四"送神"、大年初四"接神"、正月初九"敬天公"、正月十一"吃福"、正月十五闹元宵等民俗。台湾流传着一首生动的《新年歌》:"初一早,初二巧,初三老鼠娶新娘,初四神落天,初五隔开,初六挹肥,初七七元,初八团圆,初九天公生,初十有食食,十一请团婿,十二查某子请来拜,十三食涪糜配芥菜,十四结灯棚,十五上元暝。"即初一早起去拜年,初二女儿回娘家,初三老鼠要娶亲,早早睡觉免打搅,初四迎神下凡,初五恢复劳作,初九天公生日,初十吃敬天公的酒菜,十一宴请女婿,十二女儿拜父母,十三清粥配芥菜,十四、十五闹元宵。在台湾地区,年夜饭一定要吃芥菜,以此祈求长寿;吃韭菜时一根一根从头到尾吃,不横食,不咬断,表示年寿久久长长。吃萝卜表示好彩头,吃全鸡表示全家福(闽南话鸡与家谐音)。吃蚶取财源滚滚之意,并将蚶壳放在床下,表示财源广进。吃鱼丸、虾丸、肉丸取三元及第之意。还有谐音"都福"的豆腐,象征"连年有余"的蒸鱼,象征"福禄"的腐乳肉。饺子寓有"更岁交子"之意,代表着一元复始、万象更新,又因其形状有如元宝,希望吃了之后可以招财进宝。

正月初九"拜天公"可以说是闽台地区最热闹的民俗,指的是玉皇大帝诞辰祭拜仪式。传说农历正月初九是玉皇大帝的诞辰。在这天,福建莆田四方香客纷纷涌入玉皇殿进香点火,顶礼膜拜,俗称"上头香"。当地的石室岩、壶公山、九华山、湄洲岛、九鲤湖等,都有前往朝拜的信众。而过年期间,台湾人也会用凤梨(旺来)、苹果(平安)和柑橘(吉祥)等水果,以及红豆、花生、柿子等带有吉祥平安意涵的年节供品供奉"天公",以祈祷来年平安顺利。

在农历每月初二和十六这两天,闽台做生意的人都要"做迓"或"做福",也就是拜土地公,迎财接福。"迓"是迎接的意思,也写作"牙"。二月初二这天是大日子,因为这是一年中首次做迓,称为"头迓",供品会格外丰盛。拜完土地公后,商家、雇主多会

以拜过的牲礼菜肴宴请所有员工,以慰辛劳,这叫作"食头迓"或"食福"。所谓"福菜",是以大芥菜为原料,经过曝晒、搓揉、腌渍而成的腌菜,它是客家菜烹调的重要食材。台湾苗栗县公馆乡出产的福菜产量占台湾地区三分之一,这里因此被誉为"福菜之乡"。

此外,在人生礼俗方面,闽台两地也有相似的"福"文化追求。在台湾,孩子初生时,应先以父亲或其他家庭成员的旧衣服将其包裹起来,希望得到这些人的福气保佑,以免新生儿受到邪气的侵犯。在闽台地区,新生儿都要穿上"和尚衫"。此种明代右衽形制的和尚衫,起初是为了表示不忘明朝,后来因为穿着起来方便舒服而沿袭至今。孩子出生至周岁,要举行"三朝礼""弥月""周岁"等庆礼,母舅家必须给外甥送来从头到脚的全套服饰,预祝其长大之后成为"有头脸"的人物。在元宵佳节,台湾地区的已婚妇女常常要穿梭行走于灯下,因为闽南话"灯"与"丁"同音,妇女们希望能早生贵子,添福添丁。

三、凸显为人民谋幸福的初心

何谓幸福?马克思说过:"如果我们选择了最能为人类谋福利而劳动的职业,那么,重担就不能把我们压倒,因为这是为大家而献身;那时我们所感到的就不是可怜的、有限的、自私的乐趣,我们的幸福将属于千百万人,我们的事业将默默地,但是永恒发挥作用地生存下去。面对我们的骨灰,高尚的人们将洒下热泪。"这是马克思的幸福观,深刻体现了马克思对幸福的理解。

新中国成立70多年来,中国共产党领导中国人民创造了世所罕见的经济快速发展奇迹和社会长期稳定奇迹,广大人民群众的获得感、幸福感、安全感不断提升。在以习近平同志为核心的党中央坚强领导下,2020年,中国迎来打赢脱贫攻坚战、全面建成小康社会的历史性时刻,困扰中华民族几千年的绝对贫困问题历史性地得到了解决。外国人士评价中国减贫成就是"人类发展史上的奇迹"。2021年7月6日,中国共产党与世界政党领导人峰会以视频连线方式举行。中共中央总书记、国家主席习近平强调:"为人民谋幸福,是中国共产党始终坚守的初心。今天,中国已经实现了全面建成小康社会的奋斗目标,开启了全面建设社会主义现代化国家新征程,中国人民的获得感、幸福感、安全感不断提升。办好中国的事,让 14 亿多中国人民过上更加美好的生活,促进人类和平与发展的崇高事业,这是中国共产党矢志不渝的奋斗目标。中国共产党将坚持以人民为中心的发展思想,在宏阔的时空维度中思考民族复兴和人类进步的深刻命题,团结带领中国人民上下求索、锐意进取,创造更加美好的未来。"习近平总书记在党的二十大报告中指出,"必须坚持人民至上,坚持自信自立","站稳人民立场、把握人民愿望、尊重人民创造、集中人民智慧"。在新时代,"为人民谋幸福"体现了中国共产党人对群众史观的新认识。

从本质来看,"谋幸福"是对马克思主义和中国共产党宗旨的坚持,回答了中国共产党人"为什么要为人民谋幸福"的问题。"为人民谋幸福"彰显了马克思主义的基本观点。中国共产党坚持马克思主义,马克思主义认为人民是历史的创造者,是决定党和国家前途命运的根本力量。既然人民是历史的创造者,是决定命运的根本力量,那么自然应该"为人民谋幸福",这是马克思主义的内在要求。"为人民谋幸福"也是中国共产党人的一贯主张。中国共产党在不同历史时期相继提出了"全心全意为人民服务","有利于人民生活水平的提高"和"以人为本"等理念。这些理念是不同历史时期"为人民谋幸福"的具体体现。马克思主义政党存在和发展的根本条件就是"为人民谋幸福"。马克思曾经说过,"共产党……没有任何同整个无产阶级的利益不同的利益",一个马克思主义政党如果背离这一点,做不到"为人民谋幸福",就会失去人民群众的信任和拥护。所以,党的十九大报告指出"为人民谋幸福"这个初心和使命是激励中国共产党人不断前进的根本动力。

从主体来看,中国共产党和中国人民共同构成"谋幸福"的主体,回答了"谁为人民谋幸福"的问题。中国共产党是执政党,是

新时代中国特色社会主义事业的领导核心。作为"为人民谋幸福"的政党,中国共产党从诞生之日起就坚持全心全意为人民服务的宗旨。回顾过去,"为人民谋幸福"是中国共产党革命、建设和改革事业不断取得胜利的根本;展望未来,"为人民谋幸福"既是践行中国共产党根本宗旨的要求,也是党事业进步的保证。中国共产党人将"为人民谋幸福"作为初心和使命,这一初心和使命的完成离不开作为主体的人民自身。在《共产党宣言》中,马克思就说:"过去的一切运动都是少数人的,或者为少数人谋利益的运动。无产阶级的运动是绝大多数人的,为绝大多数人谋利益的独立的运动。"这就深刻回答了共产党人"依靠谁、为了谁"这一根本问题。从这一观点可以看出,人民的幸福是共产党带领大多数人一起谋来的,是党群合力的结果。

从对象来看,中国人民是"谋幸福"的对象,回答了中国共产党人"为谁谋幸福"的问题。中国共产党坚持为人民谋幸福。如何理解"人民"这个概念呢?"人民"这个概念既是集体概念,也是个体概念,是群体性与个体性的统一。在马克思看来,共产主义社会是自由人联合体,"以每个人的全面而自由的发展为基本原则",在这个联合体中,个体是独立的、自由的、全面的,个体的尊严和价值是得到尊重和维护的,这就是马克思对人民的理解。"为人民谋幸福"要坚持将人民的集体性与个体性相结合,既要以全体人民这个集体为中心,也要以全体人民中的每一个个体为中心。要把"为人民谋幸福"落实到对每一个个体合理、合法、正当权力和利益的保护上。正是基于此,习近平总书记多次强调"小康路上一个都不能少"。在党的二十大报告中,习近平总书记再次强调,中国式现代化的本质要求是"发展全过程人民民主,丰富人民精神世界,实现全体人民共同富裕"。

从方向来看,"美好生活"和"人的全面发展"是"谋幸福"的价值追求,回答了中国共产党"为人民谋什么"的问题。"为人民谋幸福",首先表现为为人民谋"美好生活需要"。抽象地谈论

"为人民谋幸福",很容易把这一马克思主义立场、这一中国共产党的宗旨虚无化。事实上,"为人民谋幸福"是具体的,而不是抽象的。这具体体现在随着社会主要矛盾的变化,谋的内容也发生了变化。从为人民谋"物质文化需要"转化为为人民谋"美好生活需要","美好生活需要"既包括人民更高的物质文化生活需要,也包括人民日益增长的民主、法治、公平、正义、安全、环境等方面的要求。也就是说,要把"为人民谋幸福"具体化为保障人民的政治权利、保护人民的经济利益、满足人民的文化需求、提高人民的社会福利,建设优美的生活环境。"为人民谋幸福"也体现为对共产主义终极目标的追求。中国共产党人坚持共产主义远大理想,共产主义社会是自由人联合体。在《共产党宣言》中,马克思提到:"每个人的自由发展是一切人自由发展的条件",可以说,人的自由而全面发展是共产主义的终极目标。因此,"为人民谋幸福"自然应该落实为不断推动每个人的自由而全面的发展。党的二十大报告中,习近平总书记总结了新时代十年的伟大变革:"深入贯彻以人民为中心的发展思想,在幼有所育、学有所教、劳有所得、病有所医、老有所养、住有所居、弱有所扶上持续用力,建成世界上规模最大的教育体系、社会保障体系、医疗卫生体系,人民群众获得感、幸福感、安全感更加充实、更有保障、更可持续,共同富裕取得新成效。"这正是"福"在民生中的具体体现。

从规律来看,发展原则和渐进原则是"谋幸福"应该遵循的原则,回答了中国共产党人"如何为人民谋幸福"的问题。中国特色社会主义进入新时代,我国社会主要矛盾已经转化为人民日益增长的美好生活需要和不平衡不充分的发展之间的矛盾。不平衡不充分的发展已经成为满足人民日益增长的美好生活需要的主要制约因素。所以,我们要在继续推动发展的基础上,着力解决好发展不平衡不充分的问题。之所以强调继续推动发展,是因为人民幸福的基础是发展,物质的丰裕不一定会带来公平、正义,但发展不足、物质匮乏往往伴随着矛盾、冲突和不平等。人民幸福是现实的幸福。

所以，要将生产力的发展水平作为人民幸福的"绝对必需的实际前提"。党的二十大报告指出，"我们要实现好、维护好、发展好最广大人民根本利益，紧紧抓住人民最关心最直接最现实的利益问题，坚持尽力而为、量力而行"，"采取更多惠民生、暖民心举措，着力解决好人民群众急难愁盼问题"，"扎实推进共同富裕"。人民幸福没有止境，"为人民谋幸福"也没有止境。

第二节 凸显地域性

一、实践主体的地域性

实践主体关注的是"谁来做""怎么做""做什么"的问题。马克思在批判资本主义、解构近代哲学抽象主体观的同时，阐明了自己的主体观。他在《1844年经济学哲学手稿》中明确指出："人始终是主体"，人的本质也就是主体的本质。既然人是主体，人有意识，马克思指出："正像本质、对象表现为思想本质一样，主体也始终是意识和自我意识，或者更正确些说，对象仅仅表现为抽象的意识，而人仅仅表现为自我意识。"每个人都有自己的意识，人也正是因为有了意识，能思考，才有别于一般的动物。马克思说："有意识的生命活动把人同动物的生命活动直接区别开来。正是由于这一点，人才是类存在物。"既然人有意识，有主观能动性，那么人改造世界就有目的，有方法。而在马克思主义哲学的语境里，实践不是一个人的单打独斗，一个人也无法真正意义上单打独斗。在《1844年经济学哲学手稿》中，马克思明确指出："一个种的整体特性、种的类特性就在于生命活动的性质，而自由的有意识的活动恰恰就是人的类特性。"在这里，马克思明确肯定了人具有类本质，并对人的类本质作了规定。在1846年的《关于费尔巴哈的提纲》中，马克思提出："人的本质不是单个人所固有的抽象物，在其现实性上，它是一切社会系的总和。"换言之，实践就是一群人中的一个人的生命活动，是以一个人的活动为基础的一群人的活动及其关系的总和。实践主体是有地域性的，比如亚洲人和非洲人，美洲人和欧洲人，虽然都是人的种属，人的群体，但是由于受到气候环境、地理条件、饮食习惯、风俗特质等外在因素的影响，他们对同一事物的解读不尽相同，对同一件事情处理的方式方法也不尽相同。同样，在中国，南方人和北方人有所不同，他们的活动方式都会打上地域的烙印。同理，福建的"福"文化在生成和发展上都带着地域性，因为它的前提是形成于福建，它既带有中华民族福文化的一般特性，也带有强烈的地域个性，是福建人民在长期的实践中衍变出的文化特色。

第二个问题是"怎么做"。实践主体要通过什么方式改造自然和社会？简而言之就是劳动。马克思在《1844年经济学哲学手稿》中将劳动定义为人的本质。他说："有意识的生命活动把人同动物的生命活动直接区别开来，正是由于这一点，人才是类存在物。"在这里，"有意识的生命活动"指的就是劳动，劳动是人与动物的主要区别之一，人类的劳动是有目的，有意识的。要想得到幸福，就要使生产力得到发展，使劳动技术得到改进，生产效率得到提高。而劳动能够有目的地促进工具的创造和发展，使生产力得到提升，劳动技术得到提高，生产效率得到提高，人的幸福感也就得到了相应的提升。所以，劳动其实是人性的体现，更是人类对幸福的自觉追求，有了劳动，才有了实现幸福的基础。劳动是自我社会化的过程，它证明了人类自身存在的价值。

人类的本质最基本的现实表现形式是劳动。在马克思看来，劳动既是手段也是目的，既是一种工具性的活动，也是人的创造性生命活动本身。劳动过程在生产满足人生存需要的物质资料的同时，也在确证着人自由自觉的类本质。人在自己的生产劳动过程中创造自己的历史，并在这一历史过程中不断地确证自己的自由本质。人总是在自己的实践活动中追求一种超越性，从而达到自由。在社会中，人通过劳动能够得到自我价值的肯定，人们在劳动过程当中通

过团结合作、互利共赢，巩固和加强了社会关系，也提高了社会化程度。社会化程度的提高可以让人自我实现的可能性增加，使自我价值得到提升。

劳动也是有地域性的。一个人在陆地上劳动还是在海洋中劳动有区别，在天空中还是在地底下劳动也有区别。在广袤草原人们以放牧为生，鱼米之乡人们以种植稻谷为生。福建所处的地理位置背山面海，其中的丘陵、林地、海岸线、河流在分布决定了在这块土地上人们的劳动对象、劳动方式。

第三个问题是"做什么"。这牵涉到实践的对象和内容。"福"文化既表现为物质文化，也表现为精神文化。当一个人面对稻田时，他不会像对待沙漠那样去对待它，因为实践的对象不同。即便同在福建地区，每一块土地上人们所生产和制造出来的产品、衍生出来的文化特性也不尽相同。这些地方的文化特性从本质上看都是福建人民在追求美好生活过程中形成的、传承下来的，所以都带着"福"文化的基本特征。闽文化分为六大文化区：闽都文化区、莆仙文化区、闽南文化区、闽西文化区、闽北文化区、闽东文化区。以闽南文化为例，闽南文化具有传统性、发展性特征。闽南文化在继承了传承千年的中华传统文化之外，自身的本土文化也是不断发展的。闽南文化包罗万象，历史上举世闻名的海上丝绸之路由此发端，中外文化在此互动；闽南文化是开放进取的，明清以来，大量闽南人向海外迁徙，将闽南的民系文化扩展到我国台湾地区以及东南亚，乃至世界各地。闽南文化具有一体多元的特征，既与中华传统文化同为一体，又以闽南本土文化为主体，并吸纳了南洋文化、阿拉伯文化、西方文化的某些因素。闽南文化具有兼容性和开拓性特征，这在宗教信仰、民间信俗、建筑、戏剧、方言等方面都有所反映。如建筑方面，除了以"宫殿式"古大厝、临街骑楼为主流建筑外，也可见到中国传统建筑、中西合璧式建筑、阿拉伯式建筑、侨乡特色建筑等。又如方言，闽南语保存了中古汉语和上古汉语的许多特点，还保存了许多古汉语的词语，故闽南方言被学术界称为

"古汉语活化石"。闽南方言不仅历史悠久，还具有独创性，其词汇、语法诸方面有许多自己的特点。

福建传统文化底蕴深厚，世界级和国家级非物质文化遗产项目数量众多，包括南音、莆仙戏、送王船、妈祖信俗、水密隔舱福船制造技艺、厦门漆线雕技艺等极具地方特色的项目。福建非物质文化遗产中蕴含着丰富的"福"文化元素，诸如民间文学中的求福故事、传统戏剧中的福缘唱段、民间的节庆祈福活动和民间手工技艺中的"福"文字符号和吉祥造型等。

传统戏剧和曲艺中的"福"文化展演形式丰富多彩。福建民间戏曲历史悠久，与丰富的民间信俗相颉颃。戏曲在传统乡土社会发挥着多重祈福功能，民众广泛参与。民间信俗相关的仪式活动都有民众驱凶纳福的寄托，民间戏曲表演活动必然参与到这一主题的表达中。"扮仙"是民间演戏在正戏上演之前为民众祈福的环节。所谓的扮仙，就是演员扮演神仙，向神明祈求赐福。例如歌仔戏扮仙"三出头"指的是《排三仙》《跳加冠》和《送子》，其中《排三仙》即"福禄寿"三星，演蟠桃大会为王母祝寿的片段。各戏开锣都必须先演这三个吉祥的节目来为请戏者祈福，接下来才演出其他节目。其他常见的扮仙戏还有《封王》《封相》《富贵长春》《五福天官》等，从剧目名字可以看出，都是取悦观众、祝福喜庆的内容。此外，闽南的傀儡戏还有禳灾祈福的作用。至今，悬丝傀儡戏仍在建庙谢土、丧礼、庆典、还愿等场合中演出。

民俗类的非物质文化遗产在城乡充满活力，影响面广。在民俗类非遗项目中，许多活动都具有鲜明的祝福祈福内容。例如闽西客家湖坑"作大福"活动，以敬神、演戏、会客为主要内容，以姓氏或村为单位，至少敬三天神，演三天戏。"作大福"先要搭建大福场，村民们在空旷地临时搭建宫殿模式的神场，神场前修建一座巨型牌楼作为大门，牌楼两边各竖一根 20 多米高的木旗杆，顶上插各色旗帜。牌楼两旁设南北厅，正堂安奉刘汉公王、保生大帝等诸神。戏台也是临时搭建的，与神场相对。农历九月十一日，湖坑人

人吃斋，穿上新衣服，家家户户到大福场摆香案。案桌上摆满糖果、糕饼、水果、米斋团等，造型五花八门，有塔形、方形、圆形、山形、莲形等。从农历九月十一日至十五日，按宗亲房族轮流，每天一供，在大福场举行宴会。宴会结束，"福首"（族姓中公认最有福气的人）每人带一斤猪肉和一只灯笼回家。十五日晚上演汉剧、木偶戏到天亮，再送神回宫，"作大福"才告结束。又如闽西上杭县庐丰畲族乡蓝氏家族在春节、元宵期间有"游龙赐福"的民间习俗，一直传承至今。"草龙"又称"香灯龙""打香灯""打草龙"。龙用稻草扎制而成，表演时在草龙身上插上密密麻麻的线香，舞动时龙身上的香火被风一吹火星四射，在夜色中十分壮观。正月初一始，游龙行至各家"赐福"，再到村落各处巡游，至元宵前后达到高潮。香灯龙到达时，每家都会放鞭炮迎接。到正月二十举行"送龙"仪式，在鞭炮锣鼓声中将香灯龙焚化，然后收集化龙的灰烬，送到附近溪边撒入水中，寓意龙归大海，整个"打香灯龙"活动才告结束。

  传统非遗技艺中的"福"文化也是异彩纷呈，寄托着人们祈求祥瑞、辟邪纳福的美好愿望。福建拥有诸多优秀的传统技艺，如棉纺、印染、制茶、酿酒、印刷等。这些传统技艺为人的吃穿用住等日常生活提供便利，也表达了百姓对"福"的期盼。例如安溪蓝印花布技艺历史悠久，始于宋代，繁盛于明清。蓝印花布质朴素净，其传统图案中有象征吉祥如意的"百福图"。又如漳浦地区的剪纸技艺，在唐宋时期就已盛行。其最初为刺绣的底样，后应用于婚嫁仪式、祭拜活动，明清以后逐渐脱离刺绣成为一种独特的民间艺术。漳浦剪纸艺术擅长表现各种猪脚花、饼花、福禄寿等字形，色彩以单色为主，贴于礼品、祭品上，具有装饰作用。漳浦剪纸技艺传承人陈秋日创作的作品《福》，在以各种花卉构成的形似灯笼的图案中间突出一个"福"字，寓意花团簇拥、福至圆满，寄托了人们对幸福生活的向往。该作品在2000年获第四届中国剪纸艺术节跨世纪全国剪纸展金奖。

综上可见，福建的非物质文化遗产"福"满各地，"福"意无边。基于非遗本身所具有的活态性、传承性、生活性、整体性等特点，我们坚信，"福"文化保护的最好方式就是让其回归民众日常生活，与老百姓对美好生活的向往联系在一起。福在生活，持久传承。

二、发展载体的地域性

在漫长的区域历史演进过程中，福建相对封闭的地理环境和多元的历史文化传承，铸就了这里兼容并蓄的文化生态环境。学者张燕清先生从三个方面指出福建文化生态的表征：一是在源流上呈多元性，在现状布局上则呈碎片割据的状态。二是在态势上呈既开放又封闭的状态，这种状态具体表现为陆地农业文化与海洋商业文化二者并存且相互交融。这两种文化具有不同的思维和视野，前者更富有拼搏开拓的意识，而后者更具有脚踏实地的务实精神。三是海洋商业文化往往以动态和开放为特征。

福建文化的形成与闽越文化的遗风、中原文化的传入、宗教文化的传播、海外文化的冲击等诸因素都有着极为密切的关系，从而在和外来文化的交往中表现出更大的包容度和兼容性。宋元时期泉州多种宗教文化在同一时空中兼容并存、相互辉映甚至有所融合，即是最好的证明。福建文化在布局上呈碎片状，如闽中三山文化，莆仙文化，闽西客家文化，闽南海洋文化等等，它们彼此之间呈相对独立和平行并存的状态。这种文化生态环境和历史文化传承，在福建文化这个动态系统中共同构造了多向度的文化力，引导和制约着福建区域社会的生产生活和行为方式。

"福"文化源远流长、历久弥新，是中华优秀传统文化的重要组成部分。其中，福建的"福"文化绚丽多姿、蔚为大观，极大丰富了"福"文化的精神内涵，在中华福文化发展史上书写下浓墨重彩的一笔。追溯福建人趋"福"的心理源头，宗教和民间信俗是重要的因由。福建古时为闽越人居住地，面对频繁发生的自然灾害和危险丛生的现实环境，闽越先人萌生了对自然万物的崇拜，形成"好巫尚鬼"的传统，这恰恰是福建先民从内心深处祈求无灾无患、丰衣足食、平安长寿的典型体现。

同时，福建是众多文化交汇之地，十里不同风、百里不同俗，产生了独具特色、风格各异的民俗文化，"福"文化就是其中的鲜明代表。例如在饮食习俗方面，福建人把祭祀的酒和肉称为"福物""福食"；用糯米制成的"福寿糕"，是婚嫁馈赠的吉祥礼点。在节日习俗方面，福州有敬老孝亲的拗九节，嫁出去的女儿要送福粥给父母和长辈；女儿新婚出嫁时，娘家会准备福袋，福袋里装着红枣、花生、红糖、桂圆等。在建筑习俗方面，房子上梁时要挂上红布袋，寓意丰衣足食；古民居、古建筑上装饰的木雕、石雕、竹雕等，多呈现五福临门、五福拱寿、福寿双全、多子多福、福寿三多等祈福图案。在神祇文化方面，福建的民间信俗丰富多样，有拜神佛、祭鬼神、敬天地的传统。相关的祈福活动多姿多彩，包括迎神祈福、游神祈福、择吉祈福、卜卦祈福等，独具地域特色，集中反映了福建民间对"福"的向往与追崇。在戏曲文化方面，福建戏曲种类繁多，主要有闽剧、莆仙戏、梨园戏、高甲戏、芗剧、木偶戏、南音等，形成了不少深受人民群众欢迎的优秀代表剧目。其中，对祈福纳祥、阖家团圆、国泰民安等主题的呈现是一个重要的方面。比如，闽剧《陈靖姑》、莆仙戏《海神妈祖》、梨园戏《陈三五娘》和南音《邂逅·丝韵》等，都是从戏曲层面对积德行善、祛病消灾、亲情爱情等在内的"福"文化的褒扬与宣传。

"福"文化是得到广泛认同的民俗文化，于福建一代代人民的智慧创造中得到不断演变发展。"福"字出现时间较早，在甲骨文里意为以酒敬神，祈求神的庇护。在漫长的文字发展过程中，福字的含义不断延伸、拓展、丰富，成为最吉祥、最受欢迎的汉字之一，并在与民俗文化的相互融合中得到生活化的呈现。福建很多地名都与"福"字有着不解之缘，如福州、福安、福鼎、福清等，都是"福"字当头。坊间流传着一副以福建地名串联而成的对联，上联"福建福州福清福鼎福安五福临门",下联"永安惠安南安诏安华安四季平安",横批"长乐永安",生动诠释了福建人民对福的由衷喜爱。宋代以后,福建文化日渐兴盛,对福的学理性阐释和文学性叙述不断涌现。宋代理学家朱熹立足传统理学的价值立场,提出"为善则福报,为恶则祸报,其应不差者,是其理必如此",把道德修为作为获得幸福的重要方式。福建堪称中国福文化荟萃集成之地,这里涵养着丰富多彩的"福"文化,孕育了令人瞩目的"造福"人文遗产。针对"造福"人文遗产而言,福州近现代就涌现了睁眼看世界第一人林则徐、福建船政之父沈葆桢、近代启蒙思想家严复、最早译著西方文学作品的林纾、献身维新变法的林旭、捐躯广州起义的林觉民等"福州十杰"。这些人不独为福州、福建做出杰出成就,更成为中国近现代化的启蒙者、推动者。其中,林则徐写下了"苟利国家生死以,岂因祸福避趋之"的名句,体现了不计较个人得失祸福、敢于以身报国的高尚情怀。革命烈士林觉民写下《与妻书》,抒发"当亦乐牺牲吾身与汝身之福利,为天下人谋永福也"的雄心壮志,把个人幸福与国家安危融为一体,把对"福"的定义提高到一个新的境界。

综上所述,大举推广"福"文化,打造"福"文化品牌,推动"福"文化走出去,福建不仅拥有得天独厚的条件,更是加快发展为民造福的历史逻辑和实践逻辑所在。

三、价值功能的地域性

文化是有个性的。文化的个性首先基于它所赖以生存的地域性差异。中国是一个幅员辽阔、民族众多的国家,不同的地域孕育了不同的地域文化,不同的地域文化铸就了不同的群体性格。

所谓地域文化,是指特定区域源远流长、独具特色、传承至今且仍发挥作用的文化传统,它包括在这一地域所产生的经济体系、社会组织、宗教信俗、民俗传统、价值观念等。地域文化是在一定的自然环境、特定的历史背景和独有的文化积淀等条件下形成的一

种亚文化，具有很强的区域性、传统性和独特性。人们常说："五里不同风，十里不同俗。"地域不同，风俗往往存在着一定的差异性。今天我们讨论地域文化，主要是基于"全球化"和"城市化"两种历史背景和现实处境。目前随着全球经济一体化的加剧，整个世界正在变成一个"地球村"。距离可以缩短，经济可以一体化，但文化却必须多元化。文化的特殊性就在于它的差异化和多样化。文化最忌讳的就是求同。正是在这种情况下，习近平总书记才高瞻远瞩地提出了"文化自信"，并反复强调弘扬中华优秀传统文化的重要性。

地域文化的另外一个威胁来自"工业化"和"城市化"。目前，随着工业化、城市化和城镇化进程的加剧，一些存活了几千年的村落、古镇、名胜、遗迹以及风俗传统，正遭遇前所未有的危机。文化影响着百姓的生活习惯和社会风俗。中华文化，特别是诞生于民间的地域文化，对历史的传承、社会的稳定、人心的维系都发挥着巨大且无法替代的作用。当代中国的地域文化，在工业化和城市化的浪潮中受到巨大冲击，许多地方的历史文化遗产面临十分严峻的考验，大量民间传统文化遭受破坏、走向消亡。一些珍贵的民间传统文化遗产，包括有形文化遗产和非物质文化遗产，如乡土建筑、民间技艺、服饰、民间风俗礼仪、节庆习俗等，濒临瓦解、消亡。乡土文化和来自城市的市井文化体系一旦被毁坏，就会极大地破坏中华民族的精神家园，这种巨大的文化损失是无法弥补的。当代中国在城镇化建设和新农村建设过程中，如何保护地域文化已成为当务之急。地域文化是对中华优秀传统文化的组成部分，它是经典文化的通俗化表现。地域文化对于发现中国人内心的生活秩序、透视中国人的精神本质，对于中华民族风俗的传承、中华文化的复兴具有重要的历史和现实意义。

随着社会生产力的发展和科学技术的日新月异，现代化、城镇化进程持续推进，越来越多的青壮年劳动力往城市集聚，打工、买房，成为都市人，乡村原有稳固的社会结构被打破。但乡村社会流传久远的"福"文化，在传统与现代更迭之际非但没有削弱或矮化，相反在一定程度上或在某个领域得到强化，呈现既继承传统，又注重创新的特点。这种继承，于宏观的层面表现在国家开展的一系列传统村落保护工程、中国民间文学大系出版工程、国家级非物质文化遗产代表性项目和代表性传承人评定工程等；于地方层面表现在更多传统村落列入国家级、省级传统村落名录，更多非遗项目获得国家、政府的认可和保护。由此也催生了以"福"文化为主题的文化产业、文化产品的开发，从而服务于当地社会建设、精神文明建设，推动文化旅游事业发展。由于"福"文化内涵丰富，外延宽泛，以"送福""祝福""祈福"为指向的实用主义原则成为继承、弘扬"福文化"的出发点和落脚点，也成为创新、推动"福文化"发展的强大的内生动力。

挑战与机遇并存，困难与希望同在。全力凝聚人心，树立文化自信，并对固有的优秀文化传统予以认同，给人奋进的力量，是新时代阐扬"福"文化的题中之义。在实践的层面，就是要让"福"文化实现创造性转化、创新性发展，既领略"福"文化的内蕴之美、力量之美，又赋予"福"文化的形式之美、意象之美、精神之美，促使人们在纷繁复杂的社会诉求中找到契洽心灵的满足和认知。

第三节　彰显人民性

一、反映人民群众的生活实践

福建"福"文化融汇闽地闽人、闽山闽水、闽风闽俗，随着中国特色社会主义进入新时代，人民群众对美好生活的向往更加多元多样。推动"福"文化资源转化利用，提升福建"福"文化品牌知名度与影响力，必将在新征程上赓续文脉精神，创造具有新气象的生动实践。因而我们要坚持以社会主义核心价值观为引领，做好

"福"文化的挖掘、培育、宣传文章。围绕文化强省建设的目标，结合新的历史背景、时代精神、社会潮流，对"福"文化加以拓展深化。积极构建"福"文化标识品牌体系，让福建"福"文化广为传播、深入人心。支持社科研究机构、高校、民俗专家等开展"福"文化研究。拓宽"福"文化宣传渠道和路径，加强"福"文化常态化宣传，全方位、立体式、多角度讲好"福"文化故事。坚持聚人心、暖人心、强信心，用丰富的文艺形式打造"福"文化精品力作。"文者，贯道之器也"，"福"文化要在文艺创新的道路上发扬光大，必须树立大历史观、大时代观，把握历史大势和时代进程，把握传承和创新的关系，正确运用新的技术和手段，激发创意灵感、表达思想情感，使"福"文化成为文艺创新的重要源泉。结合实施福建文艺高峰工程，在文学、书法、戏剧、音乐、舞蹈、美术、摄影、艺术教育、文艺评论等领域，广泛开展"福"文化艺术创作和现实表达，不断开拓福建文艺新境界。坚持发挥"福"文化的内在经济属性，助力构建现代化经济体系。文化和经济是相互促进、同频共振的关系，必须以"福"文化为基点，把"福"文化融入产业经济发展，做大做强做优文旅经济。着力以"福"文化扩大内需，因地制宜、各美其美，将"福"文化融入乡村振兴战略，大力推动福茶、福果、福菜特色品牌建设，使新兴消费融入"福"文化元素。全面打响"全福游、有全福"品牌，打造一批"福"文化主题旅游线路，把宝贵的"福"文化资源串珠成链，全面链接各地丰富的旅游要素，带动福建文化和旅游产业加快发展。坚持推动"福"文化更好地走出去，为福建深度融入共建"一带一路"添砖加瓦。发挥福建侨乡和对台的双重优势，结合福建地域文化推广传播，充分利用海峡论坛、海峡青年节、湄洲妈祖文化旅游节等活动载体，借助福建旅游海外合作推广中心等平台阵地，持续对外开展"福"文化的推介和展示，更好地传播正能量、塑造新形象。

生态环境建设是"福"文化的博大意涵所倡导的旨归。只有建设美丽的生态环境，人的幸福指数才能得到提高，才能真正体现

"福"文化所寄予的"五福临门"。2014年,习近平总书记亲自擘画了建设"机制活、产业优、百姓富、生态美"新福建的宏伟蓝图,近年来又多次就福建生态文明建设作出重要指示批示。"生态资源是福建最宝贵的资源,生态优势是福建最具竞争力的优势,生态文明建设应当是福建最花力气的建设。"良好生态环境是最公平的公共产品,是最普惠的民生福祉。2021年3月24日,习近平总书记来闽考察时到访福山郊野公园,他登上郊野福道的观景平台,榕城风光尽收眼底。总书记说:"福州,有福之州啊!七溜八溜不离虎纠!""现在全国都在抓生态文明建设,福州一年四季常绿。生态就是一个最好的条件。"1990年4月至1996年2月,习近平同志任福州市委书记。在福州工作期间,习近平领导实施了福州市"3820"工程,勾画跨世纪福州现代化建设宏伟蓝图。习近平指出,建设好管理好一座城市,要把菜篮子、人居环境、城市空间等工作放到重要位置切实抓好。2021年3月,习近平总书记肯定福州"现在的建设都符合这个方向,跟我们当时设想是一致的,而且发展得比我们设想还要好。希望有福之州更好造福于民。"他指出,福州是有福之州,生态条件得天独厚,希望继续把这座海滨城市、山水城市建设得更加美好,更好造福人民群众。福州市按照习近平总书记的重要指示,大力实施闽江乌龙江"两江四岸"整体品质提升工程、乌山历史风貌区保护提升二期工程等项目,为城市创造新空间、增添新魅力。得名于"州西北,有福山"的福山郊野公园,经过几年建设,已从寂静之地变成了"城市绿肺",2021年9月还晋升为国家3A级旅游景区。公园里,总长达20公里的福道把24个重要景观节点串联起来,成为市民游客亲近自然、运动健身、休闲娱乐的好去处。聚焦人民向往,用好山水资源,福州不仅依托名山、大江建设大公园,还借助内河水系综合治理等工程建设串珠公园,把公园变成群众身边的城市"福袋"。目前,全市公园总数近1500座,被誉为"千园之城"。2021年4月,福州获评全国十大"大美之城",考核指标得分最高的就是民众对公园绿地的满意度。

放眼八闽大地，福山、福水、福地、福气已经成为全省人民群众幸福感的新增长点。例如厦门市人均公园绿地面积从1981年的1.79平方米提升到2021年的14.84平方米，相当于从"一张床"跃升至"一间房"。一条条绿道串联起城乡绿色生态空间，持续提升百姓的幸福感、获得感。2021年，八闽大地再次交出一张优秀的生态成绩单：城市空气优良天数比例、主要流域Ⅰ～Ⅲ类水质比例、近岸海域优良水质比例等均优于全国平均水平，国家生态文明建设示范区、"绿水青山就是金山银山"实践创新基地数量位居全国前列。

二、主体与客体的人民性

将"人民性"融入"福"文化建设工程，就要真正理解"福"文化语境下的人民性。人民性是整体性与个体性、主体性与客体性、阶级性与世界性等关系的多重统一：高品质文化既要符合人民的整体利益，也要符合人民多元化、个性化的喜好；人民是高品质文化的生产者，也是受益者；而集中体现社会主义先进性的高品质文化，也能够在一定程度上获得世界人民的认同与共鸣。人民性的概念是多层次的，决定了"以人民为中心"这一文化意涵的丰富性和文化供给的系统性。高品质文化要体现民心所向。衡量一种文化的品质，不是看外表如何光鲜亮丽，而是看深层价值内核是否符合历史趋势和民心所向，是否展现真理、正义和爱等人类价值共识。高品质文化作品久经历史考验而始终具有生命力，必是其内核真正反映了"人民性"。只有自觉、真诚体现广大人民心之所向、情之所系的文化，才能引起人民的共情共鸣，作品才能常青常新。高品质文化要满足民生所需，不仅要有"向民之心"，更要"足民之需"，要精准预判新时代人民群众多样化、个性化的需要，有针对性地拓展人民精神生活的疆域，提供丰富多彩的文化成果。高品质文化在内容上要体现人民生活。在内容创作上体现"人民性"，就要以人民生活、百姓故事为题材，关注人民生活境遇、喜怒哀乐。

很多经典文化作品都是反映特定时代普通百姓的生活场景，以小人物、日常事展现大时代变迁。生动鲜活、情感真挚又极具力量的百姓故事，是高品质文化的源泉。高品质文化的主体是人民。习近平总书记强调，人民既是历史的创造者、也是历史的见证者，既是历史的"剧中人"，也是历史的"剧作者"。人民是高品质文化创作、评价和传播的主力军。新媒体时代，人民群众的文化生产力被大大激活，催生出文化供给的新群体、新组织、新模式，成为新时代高品质文化供给的重要力量。人民的文化由人民评价。评价文化品质，要充分重视大众的意见，主张人民满意与好口碑。高品质文化能够提升广大人民群众的精神文化素养，促进人的全面发展。因此，要完善公共文化设施，加强文化服务，结合民间文化传统组建群众文化团体，组织各类文化活动，让人民群众主动参与、融入文化建设中，从而充分发挥文化主人翁意识。

"福"文化在建设中兼顾了主体和客体的人民性。以闽西地区为例，该地区物产丰富，盛产竹子、青藤、花卉、绿植，传统手工业也特别发达。这些土特产品、手工艺品是"福"文化的载体，也是新时代推动客家文化创意产业发展的重要抓手。应鼓励当地以土特产品申报相应级别的非遗代表性项目，确定代表性传承人，同时提升包装、拓展营销方式，提质增效。而传统的手工艺品宜发扬光大，进行创意开发，将创意与实际功能结合。总之，让"福"文化建设真正为提升人民生活水平贡献力量。

发展文旅产业是"福"文化建设的题中之义。文旅产业发展的根本在文化，在于文化本身散发的魅力。活态文化作为非物质文化形态存在，总是呈现草根性、原生性、传承性、观赏性等特征，这就为"福"文化注入文旅产业提供了可复制、可体验的契机。在具体的实践中，可以将"福"文化与当地文化结合起来，与轻松愉悦的休闲娱乐方式结合起来，让消费者体验"福"文化的传承之美，也领略"福"文化所蕴含的清新之美、健康之美。

"福"文化源远流长，历久弥新，渗透至人们生活的各个方面，

依存于福建人的生产生活，成为温馨、幸福、美好的精神意象和深情表达，激发人们向上向善、艰苦奋斗、创新创造，构成强大的坚不可摧的精神力量。随着社会生产力的发展和科技的进步，特别是现代化、城镇化进程的加快，人们对美好生活的向往也越来越迫切强烈，随之而来的则是多元化的社会诉求。迈入新时代，我们要弘扬福建文化中所蕴含的"福"文化丰富的机理，在道德价值、生态环保、文化创意、文旅发展等方面予以贴心的引导和服务，使"福"文化根植于福建文化沃土，让人们在新时代奋斗征程中有更多获得感、幸福感。

第五章 发展"福"文化的主要思路

习近平总书记《在十八届中央政治局第十二次集体学习时的讲话》中曾提道："中华文化是我们提高国家文化软实力最深厚的源泉，是我们提高国家文化软实力的重要途径。要使中华民族最基本的文化基因与当代文化相适应、与现代社会相协调，以人们最喜闻乐见、具有广泛参与性的方式推广开来，把跨越时空、超越国度、富有永恒魅力、具有当代价值的文化精神弘扬起来，把继承传统优秀文化又弘扬时代精神、立足本国又面向世界的当代中国文化创新成果传播出去。要系统梳理传统文化资源，让收藏在禁宫里的文物、陈列在广阔大地上的遗产、书写在古籍里的文字都活起来。"[1]为深入学习贯彻习近平总书记关于提高国家文化软实力、讲好中国故事及关于文化事业和文化产业工作重要讲话、重要指示批示精神，为贯彻落实中央和福建省委省政府关于推动文化事业和文化产业高质量发展的决策部署，加快打造福建文化标识体系，讲好福建故事、中国故事，福建正大力打造福建"福"文化品牌，弘扬"福"文化，做强"福"产业。发展"福"文化，应坚持正确的发展方向，以社会主义核心价值观为引领，以更好地满足人民群众对美好生活的需要为根本动力，多维度推进"福"文化发展，以

---

[1] 《习近平关于社会主义文化建设论述摘编》，第201页。

"福"文化创造性转化、创新性发展带动福建文化和旅游产业加快发展，推动福建特色文化走出去，为全方位推进高质量发展超越、奋力谱写全面建设社会主义现代化国家福建篇章提供强有力的文化支撑。

第一节 坚持"福"文化发展的正确方向

"没有中华文化繁荣兴盛，就没有中华民族伟大复兴。一个民族的复兴需要强大的物质力量，也需要强大的精神力量。没有先进文化的积极引领，没有人民精神世界的极大丰富，没有民族精神力量的不断增强，一个国家、一个民族不可能屹立于世界民族之林。"[1] "福"文化承袭自中华优秀传统文化，具有深厚的历史底色，理应将"福"文化传承发展，挖掘出契合当代价值观的文化元素，以满足人民群众的生活、精神需要。"福"文化的发展在恪守社会主义核心价值观的同时，应关注其社会价值和经济作用，促进经济发展，提升民众生活水平，这亦是发展"福"文化的题中之义。台湾是中华文化圈的重要组成部分，深受中华传统文化的影响，"福"文化在台湾同胞中有着群众基础，要充分发挥"福"文化的桥梁作用，推进闽台文化交流，促进两岸同胞民心相通。

一、注重"福"文化意识形态属性

党的十八大以来，习近平总书记就中华优秀传统文化的价值和意义多次进行阐述并提出了多个重要论断。概括起来，主要包括如下八个方面的价值定位。其一，中华优秀传统文化是中华民族的"根"和"魂"。其二，中华优秀传统文化是中华民族的文化基因和精神家园。习近平总书记多次谈到文化基因和精神家园是一个民族安身立命的基础、生存发展的支撑、身份归属的标志，是维系这个

---

[1] 《习近平关于社会主义文化建设论述摘编》，第7页。

民族发展繁荣的最深沉的力量。中华优秀传统文化体现着中华民族的文化基因，是中华民族共同精神家园的重要组成部分。其三，中华优秀传统文化是中华民族生生不息、发展壮大的丰厚滋养。其四，中华优秀传统文化是中华民族在世界文化激荡中站稳脚跟、坚定文化自信的坚实根基和突出优势。其五，中华优秀传统文化是涵养社会主义核心价值观的重要源泉。核心价值观是决定文化性质和方向的最深层次要素，是文化软实力的灵魂，是一个国家的重要稳定器。其六，中华优秀传统文化是中国特色社会主义植根的文化沃土。其七，中华优秀传统文化是治国理政的重要思想文化资源。其八，中华优秀传统文化是实现中华民族伟大复兴中国梦的重要精神支撑。[1]

这八个论断，关乎历史经验的总结、现实需要的考量以及发展前景的展望，全面科学地概括了中华优秀传统文化的价值和意义，回答了为什么要传承和弘扬中华优秀传统文化的问题，揭示了中华优秀传统文化与中国特色社会主义文化的内在联系，阐明了中华优秀传统文化作为中国特色社会主义文化血脉和根基的作用。[2]"福"文化作为中华优秀传统文化的重要组成部分，是推动福建特色文化走出去，实现中华民族文化繁荣发展的重要一环。要做好"福"文化的创造性转化和创新性发展，必须注重"福"文化意识形态属性，以符合社会主义核心价值观。

在建设发展"福"文化过程中，必须认识到"传统文化在其形成和发展过程中，不可避免会受到当时人们的认识水平、时代条件、社会制度的局限性的制约和影响，因而也不可避免会存在陈旧

---

[1] 参见高长武：《中华优秀传统文化的价值定位》，《光明日报》2016年9月5日第16版。

[2] 高长武：《习近平文化建设思想的核心要义》，《2017年度文献研究个人课题成果集》，中央文献出版社，2018年，第816—817页。

过时或已成为糟粕性的东西。"① 这就要求我们以古为今用、推陈出新的态度对待"福"文化，要结合国家需要、人民需求、时代特征进行取舍扬弃，不能一股脑儿地照搬照用，应使传统"福"文化与现实文化相融相通，共同服务以文化人的时代任务，共同满足人民群众对美好生活的新期待。简言之，"福"文化的发展要符合社会主义核心价值观，要树立以人民为中心的工作导向，发挥人民在"福"文化建设中的主体作用。

为了谁、依靠谁，是文化建设首先要弄清楚的一个重要问题。坚持文化建设为了人民、依靠人民，坚持文化建设成果由人民共享，是我们党领导开展中国特色社会主义文化建设的根本立场。我们要建设的中国特色社会主义文化，从本质上讲，就是人民的文化，人民性是中国特色社会主义文化的本质属性。故而"福"文化的建设必须始终以人民为中心，这一工作导向核心要求包括两个基本方面：

其一，"福"文化建设要为了人民、服务人民，文化建设成果由人民共享。全心全意为人民服务是我们党的根本宗旨，我们党带领人民建设中国特色社会主义事业，就应该始终坚持一切为了人民这个立场、全心全意为人民服务这个宗旨，而"福"文化建设作为中国特色社会主义建设事业的有机组成部分，也必然要始终坚持这样的立场和宗旨。坚持"福"文化建设为了人民、服务人民，关键是要有效满足人民的精神文化需求，创造优秀的"福"文化成果由人民共享。满足人民日益增长的物质需求，需要抓好经济社会建设，增加社会的物质财富；满足人民日益增长的精神文化需求，必须抓好文化建设，增加社会的精神文化财富。具体而言，"福"文化建设过程中至少要做到如下几点：一是认真研究人民群众中不同

---

① 习近平：《在纪念孔子诞辰 2565 周年国际学术研讨会上的讲话》，新华网，http://www.xinhuanet.com//politics/2014-09/24/c_1112612018_2.htm，2021 年 7 月 6 日访问。

群体的"福"文化需求，以便有针对性地开展工作；二是广大文化工作者要生产出为人民群众喜闻乐见的丰富多彩的优秀"福"文化产品；三是把服务群众同教育引导群众结合起来，把满足需求同提高素养结合起来。

其二，"福"文化建设要扎根人民、依靠人民，由人民群众共建。习近平总书记指出："人民既是历史的创造者，也是历史的见证者，既是历史的'剧中人'，也是历史的'剧作者。'"[1] 这一论断深刻指出了人民群众在历史发展和社会进步中的作用。"福"文化建设要反映好人民心声，就要坚持为人民服务、为社会主义服务这个根本方向。只有牢固树立马克思主义文化观，真正做到以人民为中心，"福"文化才能发挥最大正能量。以人民为中心，就是要把满足人民精神文化需求作为"福"文化工作的出发点和落脚点，把人民作为"福"文化的主体，把人民作为"福"文化建设的鉴赏家和评判者。"福"文化建设需要人民，人民是文艺创作的源头活水，一旦离开人民，"福"文化就会变成无根的浮萍。人民的需要是"福"文化存在和发展的根本价值所在。"福"文化能不能产出优秀作品，能不能发挥效用，最根本决定于是否能为人民抒写、为人民抒情、为人民抒怀。一切轰动当时、传之后世的文艺作品，反映的都是时代要求和人民心声，因此"福"文化建设与发展就必须自觉与人民同呼吸、共命运、心连心。

二、统筹"福"文化的社会价值

党的十八大以来，围绕遵循文化发展规律、推进文化体制改革问题，习近平总书记着重强调要处理好意识形态属性和产业属性、社会效益和经济效益的关系。习近平总书记强调："要在继续大胆推进改革、推动文化事业全面繁荣和文化产业快速发展、建设社会

---

[1] 习近平：《习近平在文艺工作座谈会上的讲话》，《人民日报》2014年10月15日第2版。

主义文化强国的同时，把握好意识形态属性和产业属性、社会效益和经济效益的关系，始终坚持社会主义先进文化前进方向，始终把社会效益放在首位。无论改什么、怎么改，导向不能改，阵地不能丢。"① 在党的十九大上，习近平总书记又进一步强调，要"加快构建把社会效益放在首位、社会效益和经济效益相统一的体制机制"②。这些论述清楚地指出了在社会主义市场经济条件下，正确处理意识形态属性和产业属性、社会效益和经济效益的关系所应遵循的基本思路和原则。这一基本思路和原则的明确，对保障文化体制改革沿着正确方向前进，稳步推进中国特色社会主义文化建设有着重要意义。"福"文化的建设，在注重意识形态属性的同时，也应统筹自身的社会价值，把社会效益放在首位。要发挥"福"文化的社会效益，应当遵循如下原则：

首先，应以社会主义意识形态、社会主义核心价值观主导"福"文化的发展方向。中国特色社会主义本质上是社会主义，"福"文化的发展建设必须以马克思主义意识形态为指导，符合社会主义核心价值观，才能保证其发展的正确方向，因为"意识形态决定文化前进方向和发展道路"③。"福"文化根源于中国传统文化，不可避免地部分保留着落后于时代的元素，在复杂多样的"福"文化体系中，只有在马克思主义意识形态指导下，在社会主义核心价值观的规范下，"福"文化产业才能最大程度地发挥社会价值，扬长避短，达成文化育人化人的价值追求。"福"文化内涵极为丰富，故其传导出来的价值取向也纷繁复杂。如古语云"吃亏是福"就是种较为消极的价值导向，这种多样化的价值观只有在社会主义核心价值观的引导下，才能有序健康地走在正确的轨道上，

---

① 《习近平关于社会主义文化建设论述摘编》，第185页。

② 《决胜全面建成小康社会 夺取新时代中国特色社会主义伟大胜利——在中国共产党第十九次全国代表大会上的报告》，第44页。

③ 《习近平谈治国理政》第三卷，第32页。

"福"文化才能发挥应有的价值引导、社会规范作用。

其次，"福"文化建设在实践中要坚持化人育人。文化产品在共时的消费过程中构成文化产品的历史性积淀，在时间的一维发展中促成文化环境的丰富与充实。① "福"文化建设过程中必须积极地推出有益于历史文明进步的精神产品，以提升人性中优秀的品质，构建出化人育人的社会环境，促进"福"文化的传承发展。当前"福"文化的相关成就是在前人积累形成的文化环境中发展而来的，又成为后人创生、创新的基础。因此在"福"文化的建设实践中应当努力以优质文化产品丰富文化环境要素，持续地教育时代新人，既满足人们精神的需求，更帮助人们在"福"文化化人育人的环境中新生精神力量，提升社会主义精神文明建设。

最后，"福"文化建设要坚持绿色健康原则。"福"文化发展的绿色原则，是指"福"文化发展过程中要坚持和培养绿色生态理念、行为习惯和道德规范。正所谓"绿水青山就是金山银山"，这种绿色生态理念贯穿于各行各业，是可持续发展的题中之义。"福"文化应自觉树立绿色生态观，在建设发展过程中推进生态文明建设，构建出人与自然和谐相处的自然环境，如此才是"福如东海"，才能推进社会的和谐发展。"福"文化发展的健康原则，是指"福"文化的发展要注重培养人们健康的生产方式和生活方式。"福"文化建设过程中应有意识地培养健康意识、讲求健康原则、提倡健康消费，在潜移默化中促使人们养成健康的生活方式和生产方式，在人们心中深植"健康是福"的概念。

"人类全部社会生活的本质在于实践。"② "福"文化社会价值的体现离不开具体实践。在"福"文化建设的实践过程中，应做到

---

① 周松峰：《新时代文化产业发展的社会效益原则及其实践路径》，《陕西社会主义学院学报》2021年第1期，第54页。

② [德]马克思、[德]恩格斯：《马克思恩格斯选集》第一卷，中共中央马克思恩格斯列宁斯大林著作编译局译，人民出版社，1995年，第45页。

如下几点：

其一，提升"福"文化传播主体的道德素养。习近平总书记曾强调广大文化创作者，应"坚持把社会效益放在首位，……加强道德品质修养，坚决抵制低俗庸俗媚俗，用健康向上的文艺作品和做人处世陶冶情操、启迪心智、引领风尚"[①]。"福"文化创作者、传播者也应以高度的社会责任感及道德素养从事"福"文化产品创作传播，以优质的文化产品夯实"福"文化基础，推进社会主义精神文明建设。

其二，完善"福"文化市场体系。文化市场体系是伴随改革开放的不断深化而建立、健全起来的。"人才、资本、资源、市场是文化产业的基本要素，健全现代市场体系除了要加快这几个基本要素外，还应在政策法规、产权交易、金融等方面共同推进体系完善。"[②] 完善的"福"文化市场体系可以为"福"文化产业的健康有序发展提供保障，引领文化消费方向，优化"福"文化产业发展的社会环境，进而提升"福"文化产品的质量和社会效益。

其三，推进"福"文化民生工程。虽然福建"福"文化具备良好的群众基础以及很高的群众认同度，但"福"文化民生工程还应进一步推进。发展"福"文化最终目的仍是服务人民群众，提高人民群众的生活水平，提升人民群众的幸福度。因此，在发展建设"福"文化时，必须做好"福"文化惠民工作，让更多群众参与到"福"文化事业及产业中来，充分享受"福"文化发展所带来的福利，提升人民群众幸福感。发挥"福"文化的社会效益，更是进一步为"福"文化事业及产业的发展培育更加广阔的市场。

三、促进"福"文化事业及产业共同发展

尽管文化事业、文化产业存在着一定的差异，但二者都是我国

---

① 《习近平谈治国理政》第三卷，第313—314页。

② 李晓亮：《我国文化产业社会效益实证研究》，黑龙江大学硕士研究生学位论文，2017年，第60页。

社会主义文化建设事业的重要主体。在当前时代环境中，二者应互动发展、相互渗透，积极进行文化创新。因此，党中央始终强调："党坚持把社会效益放在首位、社会效益和经济效益相统一，推进文化事业和文化产业全面发展，繁荣文艺创作，完善公共文化服务体系，为人民提供更多更好的精神食粮。"[①] 以"福"文化为媒介，带动相关文化事业及产业的共同发展，才能加快发展新型文化业态，改造提升传统文化业态，促进形成"福"文化产业发展新格局，从而让民众享有更加充实、更为丰富、更高质量的精神文化生活，以更好地满足人民对幸福生活的追求。促进"福"文化事业及"福"文化产业的共同发展，其有效实践路径有：

其一，提升创新力，以"福"文化产品和服务高质量供给为导向。高质量发展是"十四五"时期的经济社会发展主题。习近平总书记指出，"要推动文化产业高质量发展，健全现代文化产业体系和市场体系，推动各类文化市场主体发展壮大，培育新型文化业态和文化消费模式，以高质量文化供给增强人们的文化获得感、幸福感"[②]。繁荣发展"福"文化事业和"福"文化产业同样需要以高质量的产品和服务供给为方向。党的十九大报告提出，要"健全现代文化产业体系和市场体系，创新生产经营机制，完善文化经济政策，培育新型文化业态"，明确了现代文化产业体系的发展方向，也为"福"文化的发展提供了指导。

"福"文化事业及产业的发展应充分借助现代化科技手段，紧跟时代潮流，以激发新的文化消费需求。科技是第一生产力，科技创新是创新驱动进步发展的重要引领。党的十九大报告指出，要建设网络强国、数字中国、智慧社会，推动互联网、大数据、人工智

---

① 《中共中央关于党的百年奋斗重大成就和历史经验的决议》，《人民日报》2021年11月17日第1版。

② 习近平：《举旗帜聚民心育新人兴文化展形象 更好完成新形势下宣传思想工作使命任务》，《人民日报》2018年8月23日第1版。

能和实体经济深入融合。当前，网络化、智能化、数字化已构成现代文化事业和文化产业最鲜明的特征，成为文化产业高质量发展的重要标志。构建"福"文化事业和"福"文化产业体系，要继续巩固扩大科技创新，特别是现代信息技术为文化业发展赋予的新动能，推动互联网、物联网、云计算、大数据、人工智能、虚拟现实、区块链等新一代信息技术在"福"文化事业和产业体系中的广泛运用，提高传统文化产业的科技含量、运行效率效益，提升"福"文化的数字化水平。例如，"线上祈福""VR博物馆"等新型业态立足人工智能、虚拟现实等技术，实现了传统文化与现代信息技术的互动融合，是"福"文化创新的有益尝试。要推动"福"文化和文化企业数字化转型，推动高科技企业和数字化平台积极向"福"文化内容创造和"福"文化消费场景转型；要充分发挥文化企业的主力军力量，在实现社会效益与经济效益相统一的基础上，发挥其在影视制作、图书出版、文艺表演、移动网络等领域的优势，强化龙头带动效应。事实证明，科技创新有利于推动文化产业向更广范围、更深层次、更高水平融合发展，催生一系列文化新模式、新业态、新产品，甚至重塑文化生态。经现代科学技术赋能后的"福"文化，定会有更多的落地应用场景、更好的传播效果。

其二，提高传播力，利用现代传播方式讲好"福"文化。文化的繁荣兴盛不仅表现在对内凝聚力和创新力的增强上，更体现在对外传播的效果上。"福"文化事业和文化产业因而肩负着在文化交流过程中讲好中国故事、讲好福建故事，实现将"福"文化播散至国际、传播至世界的重要任务。提升讲故事的能力，不仅要借助现代技术手段，更应从故事价值本身出发，从"福"文化的基本叙事逻辑出发，建设起"福"文化所仰仗的社会历史空间、当代故事空间、物质空间及虚拟故事空间等不同层次的空间，创造出跨文化接受的可能性。要积极打造具有中国特色、福建特色的"福"文化品牌，更好地反映中华民族的精神世界。在甄别筛选的基础上，注重"福"文化产品的创意性表达，重构部分"福"文化资源的空间场景和文化语义。在信息传播图像化、数字化、影视化的当下，人民群众的信息获取途径、认知模式、互动机制以及媒介使用习惯都发生了巨大的变化，因此"福"文化传播必须适应变化，创新传播理念，以更好地展示"福"文化的独特魅力。例如，可推进"福"文化资源数据库建设，在摸清家底的基础上推进"福"文化资源的普查登记工作，深化既有"福"文化资源的诠释研究与内涵挖掘；对已登记在册的"福"文化资源进行数字化转化和修复，不断丰富和完善"福"文化资源数据库。

其三，培养优秀人才。推动"福"文化事业及文化产业的发展，优秀创新人才是必不可少的一部分，正所谓"功以才成，业由才广"。习近平总书记指出，"党和人民事业要不断发展，就要把各方面人才更好使用起来，聚天下英才而用之。我们要以识才的慧眼、爱才的诚意、用才的胆识、容才的雅量、聚才的良方，广开进贤之路，把党内和党外、国内和国外等各方面优秀人才吸引过来、凝聚起来，努力形成人人渴望成才、人人努力成才、人人皆可成才、人人尽展其才的良好局面"[①]。只有拥有优秀人才，"福"文化事业才能健康有序持续发展。但就现阶段而言，专业人才仍显缺乏，导致目前"福"文化产业的发展较难达到预期。要推动"福"文化创新发展，需加大力度培养、支持更多优秀的"福"文化从业人员。例如，各高校可以开设与"福"文化相关的必修、选修课程，鼓励高校学生以"福"文化为主题展开各项创意实践，搭建平台、赛事供相关人才发挥聪明才智。总体来说，"福"文化人才培养模式仍需进一步创新，不仅需要培养理论型人才，更要注重培养创新实践人才，敢于充分运用自己的创造力传播"福"文化，用别开生面的形式展示"福"文化。在培养过程中构建出一个完整系统的"福"文化人才培养模式，培育出更多的人才为"福"文化事业

---

① 习近平：《在庆祝中国共产党成立95周年大会上的讲话》，习近平系列重要讲话数据库：http://jhsjk.people.cn/article/32079803，访问日期：2022年7月16日。

和产业的发展贡献力量。

其四，加强"福"文化基础设施建设。文化的生命力在于交流，故文化事业和文化产业发展依赖文化基础设施，文化基础设施为文化发展提供了物质载体。当前，"福"文化事业和文化产业发展迎来新机遇，但"福"文化基础设施总体不足，在广播电视传输网络、博物馆、图书馆、影剧院、文化广场等公共场所，各种"福"文化基础设施偏少，与"福"文化发展需求仍不匹配。因此，发展"福"文化事业、促进"福"文化产业，要大力加强文化基础设施建设，要从"福"文化事业、产业综合利用与协调发展的角度，对基础设施的总体布局和功能利用进行统筹规划，博物馆、文化广场、影剧院、体育馆、图书馆、文化主题公园等设施，既要为促进"福"文化事业快速发展搭建平台，又要适当超前，为"福"文化产业提升预留建设空间。尤其是在智能化、虚拟化、5G技术、数字化、网络化快速发展的时代背景下，必须对现有传统公共文化基础设施加强数字化、智能化升级改造，将传统文化基础设施打造成全新的"福"文化信息资源应用平台，将传统文化传播网络打造成全新的"福"文化数字传播通道。

要解决"福"文化产业发展的基础设施瓶颈制约。一是要把"福"文化设施建设纳入城乡建设总体规划，在城市对少年宫、图书馆、文化馆、科技馆、纪念馆、文化主题公园、影剧院、档案馆、博物馆、美术馆、广播电视信号发射台等进行合理布局，使文化设施建设跟上城市化步伐；在乡村要全面加强村镇文化站、农村电影固定放映点、农家书屋、广播电视村村通建设等，并共建共享文化设施，发挥基层文化场所服务功能，实现就近"福"文化消费。二是要实行以数字化、智能化为重心的公共文化基础设施升级改造，提高"福"文化事业产业发展空间。三是鼓励有条件的城市地区建设以"福"文化为主题的文化广场、公园、非物质文化遗产展示馆等大型公共文化设施，在发挥社会效益的同时，发挥市场经营功能，实现"福"文化事业产业一体发展。

其五，建立"福"文化公共服务体系。要坚持重心下移、资源下移、服务下移，"优化城乡文化资源配置，完善农村文化基础设施网络，增加农村公共文化服务总量供给，缩小城乡公共文化服务差距"①。要建立多元主体参与的价值共创机制，强化社会化服务。要增强服务意识，建立健全群众的"福"文化需求反馈机制，提供民众所需的"福"文化服务，以更高的效率传播"福"文化。要在现有"福"文化供给的基础上，根据人民精神文化需要，逐步增加"福"文化供给的数量和调整供给结构，稳步提高"福"文化保障水平，培养"福"文化消费习惯，培育"福"文化产业市场。应积极开展公益性文化活动，进一步加大政府购买服务的力度，加大纪念馆、图书馆、美术馆、博物馆、文化馆、方志馆、档案馆、爱国主义教育基地等免费向社会开放力度，坚持开展"福文化进社区""福文化下乡""全民阅读""送戏下乡"等活动，积极依托公共文化基础设施开展以"福"文化为主题的演出、培训、展映等公益性、群众性文化艺术活动，普及"福"文化知识，营造"福"文化氛围，引导"福"文化旅游消费。

四、推进"福"文化的闽台交流合作

习近平总书记强调："两岸交流，归根到底是人与人的交流，最重要的是心灵沟通。两岸同胞要以心相交、尊重差异、增进理解，不断增强民族认同、文化认同、国家认同。"② 两岸同属一个中国，闽台历史文化一脉相传、代代传承。台湾长期受中华传统文化影响，"福"文化在台湾也有着深厚的群众基础，故应发挥"福"

---

① 习近平：《习近平在教育文化卫生体育领域专家代表座谈会上的讲话》，《人民日报》2020年9月23日第2版。

② 《携手建设两岸命运共同体新愿景——习近平总书记会见朱立伦谈了什么？》，习近平系列重要讲话数据库：http://jhsjk.people.cn/article/26949221，访问日期：2022年7月20日。

文化的桥梁作用，促进两岸人民交流，拉近两岸民心，加强两岸的交流合作。开展闽台"福"文化交流合作，有利于进一步密切两岸民众往来，增进两岸民众彼此互信，融洽同胞感情，促进祖国和平统一。可通过以下途径促进闽台"福"文化的交流合作：

1. 创新文化交流机制，借助市场、企业力量。闽台"福"文化交流要持续深入发展，必须探索行之有效且规范化的运行机制，创新文化交流基地建设，拓展与深化闽台两地的文化交流，促成"福"文化交流的社会化、市场化、项目化。首先，应采取市场化运作方式，举办各类型、系列化的文化交流活动。当前闽台文化交流中有很多文化活动往往没有造成持久深远影响，更遑论品牌效应，其中的关键就在于这类文化活动未成体系，缺乏市场运作。政府可通过项目推介会的形式，把具有市场开发前景的"福"文化项目推向市场，出台配套政策给予扶持，把文化项目整合起来，为"企业走向文化、文化融入市场"创造良好环境。其次，设立闽台"福"文化旅游合作项目，打造闽台"福"文化旅游品牌。在闽台"福"文化交流中，福建可引进台湾资金、创意人才、运营经验等来建设开发福建"福"文化旅游资源，做大以"福"文化为主题的特色祈福旅游品牌，构筑集民间信俗、风俗人情、文化古迹为一体的"闽台福文化大观园"，开发一系列的旅游纪念品、文创艺术品、VR（真实场景虚拟现实技术）体验项目，以彰显闽台"福"文化，形成富有福建特色的"福"文化旅游业。最后，建立闽台"福"文化产业合作基地，加快闽台"福"文化产业融合。通过政策扶持、经济投入、完善基础设施建设，构建环境优越的"福"文化产业基地，以引进台资文化企业、文化产业项目，加大对两岸"福"文化产业的规划和开发，加快闽台"福"文化产业的对接，使两地实现优势互补。这不仅是闽台"福"文化事业和产业发展良机，更将对整个"福"文化产业的进步产生带动作用。

2. 构建闽台民间交流机制，形成民间团体的"福"文化交流活动网络。闽台间的交流离不开各类型的民间团体，它们是两岸交流的重要组成部分。闽台民间文化交流经过多年的发展，已有长足的进步，但仍处于一种自发状态，缺少制度性规范。只有构建起长效的民间"福"文化交流机制，才能更有力地激发民间交流组织的积极性，促进民间"福"文化交流的常态性、规范性和广泛性发展，巩固文化交流平台，扩大"福"文化交流范围与影响力。首先，应积极支持两岸各类民间交流团体的建立，夯实两岸"福"文化交流的载体。在以政府为主导的基础上，积极培育民间组织和社会团体，如联谊会、青年组织、交流协会、企业协会、商会、合作协会等，给予政策鼓励和资金支持，广泛发动民间组织、社会力量投入闽台"福"文化交流。其次，要强化民间团体之间的联系和合作，通过定期召开交流会、座谈会、联谊会，定期举办赛事等，增进彼此的交流与互动，相互借鉴经验，不断创新，形成多领域、多形式、多样化、大规模、常态化的闽台"福"文化交流模式，建立互信基础，促进两岸同胞的民心相通、文化认同、民族认同，促进两岸融合。再次，应积极支持和鼓励两地民间组织建立长期对口交流制度。依托"福"文化脉络在闽台两地提供信息交流、资金筹措、政策协调等服务，使得两岸民间团体能定员、定时、定点开展"福"文化交流，畅通"福"文化交流渠道。

3. 构建"福"文化资源整合机制，提升"福"文化的品牌效应和规模效应。当前闽台文化交流已形成多渠道、跨区域的态势，整体面貌欣欣向荣，同时也存在着一定的问题。如，各地区、各团体间各自为战等。因此发展闽台"福"文化交流必须合理规划、科学设计，以整合全省乃至闽台两岸的"福"文化资源，形成规模效应和品牌效应，构建出独特的"福"文化品牌。整合闽台"福"文化资源，首先应建立大文化的发展格局。如，厦门作为两岸交流交往的桥头堡，可利用地域优势，以厦门为中心，融合漳、泉两地"福"文化资源，打破行政区域的限制和地方利益的隔阂，实施"福"文化地区品牌共建。在"福"文化大主题下，灵活开展各类文化交流活动，从而形成区域性的"福"文化品牌和共同纽带，建立共享的对台"福"文化交流基地,使"福"文化资源更好发挥集聚效应。其次,整合文化优势力量,进一步提升文化的规模化与品牌化。如,选择富有影响力、极具特色并得到两岸民众普遍认同和接受的福建地方"福"文化活动进行升级改造、重新规划,扩大升级为全省的文化活动;加大资金投入与政策支持,使之规格更高、规模更大、影响更广,成为两岸共同的"福"文化活动,吸引广大台湾同胞参与。例如,可以把两岸青年间的各种交流活动整合为"海峡两岸青少年'福'文化体验营",这样既有利于加强两岸青年间的沟通交流,也有利于让台湾青少年对祖国大陆和中国传统文化加深理解。最后,要多样式、创新性地开拓闽台"福"文化交流空间。要对现有的闽台"福"文化的表现形式与交流机制进行大胆革新,努力从福建丰富的传统"福"文化体系中挖掘宝藏,将"福"文化的传统韵味与当代科学技术结合起来,提升"福"文化在两岸的关注度;通过创新丰富交流方式和渠道,扩大闽台"福"文化的影响力,特别是要符合台湾年轻一代的审美情趣,以达到既弘扬"福"文化,又构建文化认同与民族认同的目的。

4. 发挥政府在闽台"福"文化交流中的主体地位。当前闽台文化交流过程中,政府多站在幕后,但随着交流程度的深入、参与主体的多样化、涉及领域的拓宽,都要求政府转换角色,以主导者的身份参与到"福"文化的交流当中。首先,政府应建立专门的闽台"福"文化交流组织机构,进行资源整合。对内,可打破省内"福"文化的区域限制,使各地的"福"文化组织、团体形成系统的闽台"福"文化交流体系。同时,也可以加强各类民间团体的文化资源信息共享,从而提升民间团体在"福"文化传播过程中的专业性、协调性、整体性、规划性和全面性,确保闽台"福"文化交流向常规化方向发展。更重要的是,要将相关研究部门、专家学者组织起来,助力"福"文化研究工作,深入挖掘传统文化、民间信俗、年节习俗、非物质文化遗产等"福"文化内涵,记录它们的传承方式、发展历史,印证闽台文化的同根同源,从而促进两岸民心相通。其次，政府应推动闽台文化交流长效管理机制的建立，规范文化交流工作。从文化交流的内容、层次与方式的确定，到交流的组织、开展、评价、总结等环节都进行规范的策划与管理，确保文化交流的有计划、有组织地顺利实施，引导闽台文化交流的常态化发展。[1] 再次，政府应引导建立闽台"福"文化交流基金会。基金会的资金部分需要政府的专项投入，更重要的是通过政府的示范作用吸引社会力量注资，筹集闽台"福"文化交流所需资金。基金会的职能包括闽台"福"文化交流的活动规划、协调组织、政策咨询等，以组织闽台民间文化团体的互访交流；此外，基金会还要对筹到的资金进行管理监督，扶持重要的闽台文化交流项目，不断提升闽台文化交流的规模，扩大"福"文化的影响范围，吸引台湾民众参与到"福"文化交流活动当中，感受两岸间的文化交融。

第二节　多维度推进"福"文化发展

"中华民族有着 5000 多年的文明史，近代以前中国一直是世界强国之一。在几千年的历史流变中，中华民族从来不是一帆风顺的，遇到了无数艰难困苦，但我们都挺过来、走过来了，其中一个很重要的原因就是世世代代的中华儿女培育和发展了独具特色、博大精深的中华文化，为中华民族克服困难、生生不息提供了强大精神支撑。"[2] "福"文化表达了中华儿女对幸福生活的追求，是中华民族不断前行的重要力量。应加快推进"福"文化发展，将其创造性转化，以适应新时代民众对"福"的追寻，实现为个人谋发展、

---

[1] 祖群英：《当前闽台文化交流的机制创新研究》，《中共福建省委党校学报》2008 年第 4 期，第 93 页。

[2] 习近平：《坚定文化自信，建设社会主义文化强国》，习近平系列重要讲话数据库：http://jhsjk.people.cn/article/31154163，访问日期：2022 年 7 月 22 日。

为人民谋幸福、为民族谋复兴、为世界谋大同的幸福前景。

一、打造"福"文化发展的多样化载体

任何文化建设与发展都离不开物质载体，没有有形的文化载体，精神文化的传承与发展就无从谈起。中国特色社会主义新时代的文化建设必定要在载体上做文章，丰富、拓展、创新、完善文化载体是必经之路。"福"文化传承发展历经千年，有着丰富的物质载体，诸如文献档案、建筑、诗文题刻、戏剧等，随着当代高新技术的发展，物质载体愈加丰富多样。故而，应继承历史、顺应潮流，打造多样化的"福"文化载体，使"福"文化价值追求、美好愿望、理想信念等能够多层次、全方位地展示出来，以生动、具体、时尚的形态吸引民众，从而使"福"文化更加深入人心，历久弥新。

1. 加大"福"文化载体建设宣传。宣传是工作开展的先行官，要坚持宣传先行。宣传工作办得好，"福"文化建设就能更顺利。"福"文化工作刚刚开展，民众对"福"文化建设仍缺乏系统性认识，关于什么是"福"文化载体、怎样有效建设"福"文化载体、建设"福"文化载体有什么意义等问题仍未形成清晰认识。因此，加强民众对"福"文化载体的认知就显得极为紧要。在宣传实践中，要注意以下几个原则。首先，应把"福"文化与社会主义核心价值观相结合。"富强、民主、文明、和谐，自由、平等、公正、法治，爱国、敬业、诚信、友善"，社会主义核心价值观包括国家层面、社会层面、个人层面的价值要求，在宣传过程中应当把社会主义核心价值观的根本价值与具体的"福"文化载体相结合。"培育和践行社会主义核心价值观，贵在坚持知行合一、坚持行胜于言，在落细、落小、落实上下功夫。要注意把社会主义核心价值观日常化、具体化、形象化、生活化，使每个人都能感知它、领悟它，内化为精神追求，外化为实际行动，做到明大德、守公德、严私德。要面向全社会做好这项工作，特别要抓好领导干部、公众人

物、青少年、先进模范等重点人群。"① 如此，既能提升民众的精神素养，也能促进"福"文化的传播发展，从而引领"福"文化载体建设。其次，加强"福"文化事业及文化产业宣传，让民众了解"福"文化载体建设可以从什么方面着手，一方面提升经济效益，提高物质生活水平，另一方面提升精神文明水平。第三，应加强对"福"文化相关优惠政策的宣传。部分民众对"福"文化建设的认知度不高，积极性不足，因此要通过优惠政策来提高民众参与"福"文化载体建设的热情。

2. 利用新技术创新"福"文化载体。随着科学技术的日新月异，文化传播、展示、传承的手段愈益丰富，如VR全景应用、短视频、公众号等等。可充分利用新技术、新手段来建设、丰富"福"文化载体。例如近年来短视频平台发展迅速，在全社会产生广泛影响，甚至农村的中老年群体亦有大量拥趸，以短视频为载体来传播"福"文化具有显著效果。2022年1月，以"福往福来 福见泰宁"为主题的"福"文化短视频创作挑战赛正式启动。该挑战赛聚焦碧水丹山（福景）、舌尖美食（福味）、非遗传承（福艺）、红色印记（福祉）、乡村振兴（福兴）、创新创业（福创）等六个方面，以新媒体形式宣传推介"福"文化形象，营造关注"福"文化、参与"福"文化、乐享"福"文化、发展"福"文化的浓厚氛围。挑战赛期间同步举办了四期抖音网红创作培训班，采取网络教学、现场教学与实践教学相结合的模式，培育了一批懂操作、能实战的本土"网红"，助力"福"文化推广，让"福潮""福风"成为新的流行符号。② 可见，短视频能够对"福"文化的传播起到重要的推动作用。因此，可以充分利用新技术手段弘扬"福"文化，让

---

① 习近平：《当好全国改革开放排头兵 不断提高城市核心竞争力》，《人民日报》2014年5月25日第1版。

② 郭斌：《打响"福"文化品牌 推动文旅经济发展》，《福建日报》2022年1月15日第2版。

直播平台、VR技术、网络游戏、影视创作、网络小说成为新时代的"福"文化载体，由此拓展"福"文化宣传推介渠道，弘扬"福"文化与福建优秀传统文化，加强"福"文化传播推广。

3. 以形式多样的文化活动传播"福"文化。"文化载体包括人及其活动、组织设施、器物和硬技术、文字和语言四类主要载体类型。其中，人及其活动载体中'人'这一载体主要强调文化人才，主要包括文化经营管理人才、文艺创作人才、文化宣传人才、民间艺人、演员等各类文化人才及其进行的文化活动，如节庆表演活动等。"[①] 形式多样的文化活动亦是传播"福"文化的重要载体和手段。文化活动的形式繁多，如以"福"文化为主题的征文比赛、答题竞赛、视频创作、文艺表演、书法展示、摄影比赛、歌唱比赛、直播竞赛等，不胜枚举。以视频创作为例，可将建筑绘画、风俗习惯、年节礼俗、民间信俗、传说故事中的随处可见的福元素进行挖掘提炼，以人们喜闻乐见的形式进行文化传播。2021年12月15日，福建省委宣传部、省人社厅、省文旅厅主办的"福"文化创意设计大赛在福州福山郊野公园启动。大赛围绕"福往福来 福建来见"主题，以"福"文化创意设计来推动创作高水平文创产品，展现福建独特的文化魅力，打响福建"福"文化品牌。此次大赛征集作品分为福潮·装饰类福礼、福艺·工艺类福礼、福景·景观美学设计三大类。[②] "福"文化创意设计大赛消息一经发布，在社会即引起广泛反响，民众踊跃报名参加。又如2022年春节期间，福建省文化和旅游系统围绕"福文化"主题推出了系列展演展播和展览展示活动。春节前后，全省文旅系统以线上线下相结合的方式，组织了300多场优秀剧目展演展播、迎新送"福"群众文化活动；围

[①] 谭动良：《安徽乡村文化载体建设研究》，安徽农业大学硕士学位论文，2015年，第11页。

[②] 谢婷：《福建"福"文化创意设计大赛在榕启动》，《福建日报》2021年12月16日第4版。

绕"福"文化、欢庆虎年春节等主题，全省博物馆、图书馆、艺术馆（站）推出了400多项展览展示活动；针对年轻群体，以"街艺福见"为主题，组织开展了450多场街头艺术表演活动，省属艺术院团在福州历史文化街区、都市商圈、景区景点等场所开展60多场表演活动，营造了浓厚的"福"文化氛围。① 此次"福"文化系列展演展播和展览展示活动受到群众广泛好评，极大促进了"福"文化的传播。总体来看，以文化活动的形式打造"福"文化发展的多样化载体，关键在于要长时段、大范围、多领域、多样式地组织相关活动，吸引各个阶层、各个年龄段、不同文化水平的民众参与，以达到"福"文化深入人心的效果。

二、形成"福"文化发展的新业态

文化新业态是新历史条件下文化所呈现出新内容、新形式、新模式的总称。文化新业态以文化科技融合为根本动力，以数字技术为基础支撑，以"互联网＋"为产业形态，从整体上促进文化发展方式的转变，在不断优化文化产业的经济结构、引领产业创新和培育新消费增长点等层面发挥着重要作用。② 推动和培育"福"文化新业态，推动"福"文化市场主体发展壮大，需要从多层面制定有效的行动路线。

1. 在数字化进程中完善"福"文化新业态的政策体系。"福"文化新业态是以科学技术和"福"文化的融合创新为发展动力，以数字化、智能化、虚拟化、网络化为发展路径，因此"福"文化新业态并非仅局限在"福"文化本身，而是一个系统性工程。尤其是在5G移动通信、网络技术不断深化发展的时代背景下，数字文化

---

① 郭斌：《多场"福文化"主题文旅活动迎新春》，《福建日报》2022年1月24日第8版。

② 王林生：《"十四五"时期文化新业态发展的战略语境、历史机遇与行动路线》，《行政管理改革》2021年第8期，第48页。

产业对"福"文化及其产业化变革的深度、广度存在着巨大未知，这就需要在"福"文化新业态的发展过程中不断完善"福"文化政策体系。2020年发布的《文化和旅游部关于推动数字文化产业高质量发展的意见》强调，到2025年要培育一批具有国际影响力的数字文化领军企业、产业集群和示范带动项目。这也就意味着2021—2025年期间文化政策体系将充分围绕文化产业的数字化或数字化的文化产业进行顶层设计。① 当今时代是信息时代、数字化时代，这也是"福"文化新业态发展面对的宏观环境，故"福"文化的数字化成为"福"文化产业转型升级的重要方向，因此亟须加快构建适应未来文化新业态发展的战略布局，建立和完善相关政策体系。如支持鼓励"福"文化与数字科技基础研究和创新机制，在文博、设计等关键领域布局建设文化、科技基础设施；搭建数字经济与文化产业结构转型升级的交流对接平台，强化"福"文化与科技企业的跨行业互动和双向赋能，帮助文化企业解决数字化转型升级中的实际困难，探索"福"文化创意和科技创新成果转化机制；健全文化新业态的法律保障，根据新业态的发展变化、问题瓶颈，及时立法、修法和释法，以应对各种产业乱象，构建起以案释法、以法定案、有法可依的良性循环。

2. 在新基建浪潮中完善"福"文化新业态的设施体系。"新基建"以数字化基础设施为核心，包括信息基础设施、融合基础设施、创新基础设施三个层面的体系内容。② 就"福"文化新业态而言，三类基础设施从不同层面对"福"文化新业态的发展提供支撑。如以通信网络为核心的信息基础设施，以快速、迅捷、高效的技术支撑，提升直播、短视频、影音等"福"文化新业态的传输品质。以互联网、人工智能和大数据等技术为核心的融合基础设施，

---

① 王林生：《"十四五"时期文化新业态发展的战略语境、历史机遇与行动路线》，《行政管理改革》2021年第8期，第53页。

② 同上。

将以互联网的深度学习与智能化推动各类沉浸式"福"文化体验上线。以研发为核心的创新基础设施，可推动"福"文化遗产标本库、"福"文化素材库的建设，为各类"福"文化遗产的保存提供支持，为"福"文化新业态的培育提供创造性转化、创新性发展的可能。总之，新基建将为"福"文化新业态的发展提供平台支撑。"福"文化领域加快新基建建设，应注意以下问题：一、信息共享与信息安全的协调统一。数据是新时代文化发展新的质素，互联网大数据作为新的质素，无疑在改变传统文化生产关系、更新文化市场体系组织机制的过程中发挥着重要作用。加强数据共享，构建数据共享平台，有利于充分利用大数据对"福"文化市场多种要素精准配置，提升"福"文化市场运营效率和现代化水平。但是，数据共享的过程中存在数据信息安全与个人隐私保护的突出问题，如何规范数据信息的采集和使用是世界各国共同面临的课题。从这个角度来看，确保数据使用的安全规范是推进数据共享的前提条件，而相关部门也应从顶层设计的高度推进文化数据保护立法和政策配套，保障和规范新业态发展。二、个性化与公共性的协调统一。某种程度上，"福"文化新业态具有一定的小众化、个性化特征，在以 90 后、00 后为代表的年轻群体中表现尤为明显，可以预见，"福"文化产品的个性化定制在不久的将来会成为"福"文化的主要消费形式。而满足消费群体个性化需求的同时，新业态、新基建在 5G、人工智能、区块链、大数据等核心技术支持下，也应面向全局性、整体性的大众需求进行统筹布局。[1]

3. 在"福"文化新业态培育中布局"高精尖"文化产业体系。新业态是"福"文化发展的重要载体，"高精尖"的文化新业态是实现"福"文化产业高质量发展的重要保证。所谓"高"，重点是指文化新业态要有高端创意、高端科技的支撑，代表着产业发展的

---

[1] 王林生：《"十四五"时期文化新业态发展的战略语境、历史机遇与行动路线》，《行政管理改革》2021 年第 8 期，第 54 页。

新高度。所谓"精",就是培育具有世界竞争力的"独角兽"企业或产业园区。所谓"尖"是指能承接国家或地区重大发展战略和引领世界文化产业发展的尖端技术、尖端创新。"高精尖"的文化新业态本身体现出跨界融合的多样化趋势,科技不仅已成为现代文化产品的重要组成部分,而且催生出许多新的文化形式和业态。目前,依托现代互联网科技诞生的各类创意工作坊、创客空间等业态发展载体,带动了二次元业态、虚拟文化业态、泛娱乐文化业态的发展,与之密切相关的内容产品、文化装备等高端业态成为新的经济增长点。① 因此,围绕"高精尖"打造"福"文化新业态,能够优化"福"文化产业体系,实现"福"文化事业和产业的优化,推动"福"文化的深入发展与传播。

三、促进"福"文化历史资源的创造性转化和创新性发展

作为中华民族乐观精神、积极态度的集中展示,"福"文化资源涵盖了传统建筑、壁画碑刻、民间工艺、衣食住行、戏曲音乐、风俗节庆等众多物质文化遗产和非物质文化遗产。从社会经济角度看,"福"文化资源是促进产业转型、繁荣文化事业和产业的重要战略性资源,可以为经济发展、文化产业建设提供服务,创造出社会经济效益。从社会发展角度看,"福"文化是人们追求和创造幸福生活,促进社会和谐发展的精神力量,也是促进两岸同胞民心相通、民族认同的重要文化载体。可见,"福"文化在当代社会是有巨大价值的,应"赋予其新的时代内涵和现代表达形式,激活其生命力"②。

1. "福"文化历史资源的创造性转化和创新性发展必须坚持保

---

① 王林生:《"十四五"时期文化新业态发展的战略语境、历史机遇与行动路线》,《行政管理改革》2021年第8期,第54—55页。

② 袁千里、王婷:《新时代中国优秀传统文化的创造性转化和创新性发展》,《中共石家庄市委党校学报》2020年第2期,第185页。

护优先理念。习近平总书记强调："历史文化遗产承载着中华民族的基因和血脉，不仅属于我们这一代人，也属于子孙万代。要敬畏历史、敬畏文化、敬畏生态，全面保护好历史文化遗产，统筹好旅游发展、特色经营、古城保护，筑牢文物安全底线，守护好前人留给我们的宝贵财富。"① "福"文化历史资源，特别是物质文化资源，如建筑、村落等都属于不可再生的文化遗产；非物质文化遗产，则需要传承发展。物质文化资源一旦遭受到破坏，或非物质文化遗产传承中断，都将是难以挽回的损失。因此"福"文化历史资源的创造性转化和创新性发展必须坚持保护优先的理念。基于此，要全面审视"福"文化历史资源的历史演变脉络，准确把握"福"文化历史资源的传统格局和历史风貌，对现存的体现"福"文化历史价值的文物遗存要坚决给予保护传承，绝不可为了短期的经济利益而过度开发利用，要以长远发展的眼光来正确把握"福"文化保护传承与经济社会发展之间的关系，努力使二者实现和谐共赢。

2. 以科技手段为"福"文化历史资源赋能。传统历史文化资源通过现代科技手段以崭新面貌呈现，是当前科技进步的必然趋势，包括人工智能、新媒体技术、VR、元宇宙概念、5G等在内的技术手段快速迭代，为"福"文化的创造转化提供了新契机。文化与科技的结合拓宽了"福"文化传承发展空间，成为传统文化资源实现创造性转化的重要途径。2022年2月25日，中国互联网络信息中心（CNNIC）在京发布第49次《中国互联网络发展状况统计报告》。该《报告》显示，截至2021年12月，我国网民规模达10.32亿，较2020年12月增长4296万，互联网普及率达73.0%。在互联网极速发展的时代背景下，对"福"文化进行科技赋能、推动"福"文化资源与科技加速结合势在必行。互联网的迅捷性、全球性、交互性一方面有助于加快"福"文化的传播速度、扩大

---

① 习近平：《习近平谈历史文化遗产保护》，光明网：https://m.gmw.cn/baijia/2022-03/23/35605637.html，访问日期：2022年8月5日。

"福"文化的传播范围，更增进了青少年群体对"福"文化的了解与认同感；另一方面，互联网思维有助于打造新文化样态，开拓新时代下"福"文化的传承发展空间。

3. 以创意转化为"福"文化历史资源赋予新生。理查德·佛罗里达认为，"人类创意跃升为当今经济生活的决定性特征，并为我们这个时代正在发生的重大变化提供着巨大的推动力。"[①] 对"福"文化资源进行创意转化，同样是"福"文化历史资源实现创造性转化、创新性发展的推动力。换言之，"福"文化历史资源的现代性转化，从根本上说就是一种创意转化。这种创意转化的关键是运用创造性思维，从年节礼俗、民间信俗、民间风俗、传统技艺、碑刻壁画、戏曲音乐、建筑、民间故事、文献资料等各种传统元素、符号中寻找灵感，为文化底蕴深厚的"福"文化创新表达形式，创造出新颖时尚并符合当代审美、迎合年轻群体的文化产品，以满足人民群众追求幸福美好生活的需要。如2022年1月1日，福建"福"文化创意设计大赛正式开启。大赛突出有福"器"、有福"艺"、有福"礼"、有福"味"、有福"韵"五大主题，用带有鲜明"福"文化元素的产品创意和浓厚"福"文化氛围的景观设计，展现福建特有文化魅力，推动"福"文化创造性转化、创新性发展。[②] 在赛事引导下，"福"文化资源转化利用得到全方位的推动，带动了福建省文旅经济的加快发展。

4. 文旅结合，为"福"文化历史资源带来经济效益。文化和旅游部发布的《2019年文化和旅游发展统计公报》显示：2019年国内旅游人数60.06亿人次，出境游人数15463万人次，入境旅游

---

① [美]理查德·佛罗里达：《创意阶层的崛起》，司徒爱勤译，中信出版社，2010年，第22页。

② 郭斌：《打响"福"文化品牌　推动文旅经济发展》，《福建日报》2022年1月15日第2版。

人数14531万人次，全年实现旅游总收入6.63万亿元，同比增长11.1%。① 旅游消费已然成为我国民众重要的生活方式。② 早期的旅游多是依赖自然资源的观光旅游，而今伴随着旅游业的发展成熟，单纯的观光旅游已然失去了优势，越来越多的人开始重视文化要素在旅游中的作用和地位，认为文化和旅游具有天然的耦合性，文化是旅游的灵魂所在，文旅融合具有强大的生命力。③ 放诸"福"文化历史资源，此种看法亦是成立的。"福"文化历史资源包括实体化的资源，如自然环境、历史遗迹、建筑村落等。截至2020年12月，福建拥有国家级和省级历史文化名城9个、历史文化街区35个，中国历史文化名镇名村76个，省历史文化名镇名村124个，中国传统村落494个。④ "福"文化历史资源也有制度化的资源，如年节礼俗、民间信俗、仪式习俗等，还有观念化的资源，如民间传说故事等。无论何种形态，"福"文化历史资源都具有很高的文化历史价值及鲜明的地域特色。这种独特的文化性、历史性、地方性，最能吸引民众的参访，从而成为旅游业不断发展的动力所在。正因为如此，文旅的深度融合会为"福"文化历史资源的创造性转化和创新性发展产生令人惊奇的化学反应。最突出的例子莫过于湄洲岛妈祖祈福旅游经济的发展。探访妈祖故乡和祖庙属于"祈福之旅"，是"福"文化与旅游产业高效结合的典型。湄洲岛素

---

① 《中华人民共和国文化和旅游部2019年文化和旅游发展统计公报》，中国政府网：http://www.gov.cn/xinwen/2020-06/22/content_5520984.htm，访问日期：2022年8月4日。

② 陈晓亮、蔡晓梅、朱竑：《基于"地方场域"视角的中国旅游研究反思》，《地理研究》2019年第11期，第2579页。

③ 高玉敏、马亚敏：《"文化+"：推动传统文化资源实现创造性转化、创新性发展》，《四川戏剧》2020年第10期，第187页。

④ 游孙权：《弘扬"福"文化 呼唤闽式生活出圈》，学习强国：https://www.xuexi.cn/lgpage/detail/index.html?id=3769038217420727163&item_id=3769038217420727163，访问日期：2022年8月5日。

有"南国蓬莱"的美称,既有扣人心弦的湄屿潮音、被称为"东方夏威夷"的九宝澜黄金沙滩、"小石林"鹅尾怪石等风景名胜30多处,更有神圣的妈祖祖庙。每年农历三月廿三妈祖诞辰日和九月初九妈祖升天日前后,湄洲岛游客门庭若市。1998年湄洲岛被辟为福建省对外开放旅游经济区,1992年设立国家旅游度假区,2012年被列入国家AAAA级风景名胜区,2020年被列入国家AAAAA级风景名胜区,其背后都与妈祖信俗和祈福之旅紧密相关。

四、加快"福"文化标识的生成

"中华优秀传统文化是中华民族的文化根脉,其蕴含的思想观念、人文精神、道德规范,不仅是我们中国人思想和精神的内核,对解决人类问题也有重要价值。要把优秀传统文化的精神标识提炼出来、展示出来,把优秀传统文化中具有当代价值、世界意义的文化精髓提炼出来、展示出来。要完善国际传播工作格局,创新宣传理念、创新运行机制,汇聚更多资源力量。"[①] "福"文化标识作为公共文化设施的基层建设,有效地对"福"文化精髓予以提炼、展示,标识体系的完善使用对于提升"福"文化形象、扩大宣传,加快"福"文化服务体系建设、提升服务效能具有重要意义。

1. 提升"福"文化服务的标准化、均等化。自中央提出"促进基本公共文化服务标准化、均等化"[②] 以来,公共文化服务的标准化和均等化建设一直是社会各界讨论的热点话题。公共文化标准化是指利用标准化的方法和技术手段推进基本公共文化服务规范化

---

① 习近平:《举旗帜聚民心育新人兴文化展形象 更好完成新形势下宣传思想工作使命任务》,《人民日报》2018年8月23日第1版。

② 《李克强:促进基本公共文化服务标准化均等化》,中华人民共和国文化和旅游部官网:https://www.mct.gov.cn/whzx/bnsj/ggwhs/201412/t20141209_764529.htm,访问日期:2022年8月10日。

和均等化的创新性工作。① 公共文化服务均等化是指为所有公民的公共需求获取提供均等的机会。② 包括"福"文化标识在内的公共文化标识附属于公共文化机构，具有公共产品性质，在使用上具有非排他性和非竞争性，任何有需求的公众均可以利用；此外完善的公共文化标识建设对于公共文化机构的宣传具有重要作用，对于缩小文化鸿沟具有重要价值，因此，完善的公共文化标识有利于公共文化服务的标准化和均等化。③

2. 宣传"福"文化。"福"文化标识是一种特殊的载体，是社会大众认识、介绍"福"文化的第一视觉印象。文化标识简单易懂、生动形象，能够吸引民众自发主动进行宣传推广，从而产生蝴蝶效应。系统、完善的"福"文化标识，如宣传标识、提示标识、形象标识，有助于起到宣传"福"文化的作用。

3. 有利于"福"文化资源的充分开发利用。系统、完善的"福"文化标识不仅有利于塑造民众对"福"文化的印象，增加"福"文化的知名度，激发民众开发、利用"福"文化资源的兴趣，同时也可以提升民众间互相宣传推广的意愿；此外也有助于不熟悉"福"文化的民众关注并了解"福"文化，从而带动其进入"福"文化场域，最终提高"福"文化的传播度，加深"福"文化资源的开发，扩大边际效益。总之，"福"文化标识是"福"文化形象的载体，不仅仅是宣传标识、提示标识、形象标识，塑造"福"文化的辅助品，更是"福"文化所承载的内涵、本质缩影，能够激发民众认同感，促进公众对"福"文化资源的开发利用。

---

① 柯平、宫平、魏艳霞：《我国基本公共文化服务研究评述》，《国家图书馆学刊》2015年第2期，第10—17页。

② 唐亚林、朱春：《当代中国公共文化服务均等化的发展之道》，《学术界》2012年第5期，第24—39页。

③ 刘杰：《公共文化标识的功能研究——以杭州市为例》，《情报资料工作》2018年第3期，第18页。

4. 提升地区文化形象。一个地区的文化形象受各种因素的影响。"福"文化标识对于整个地区的建设、人文教育、经济发展、人民幸福感均具有重要意义。首先，"福"文化标识能让更多公众了解和认识现有的"福"文化资源、设施以及配套服务，从而促进民众对"福"文化资源的利用，提升生活幸福感。其次，建设系统化、一体化、标准化的"福"文化标识，并与地区建设、区域发展统一、融合，有助于提升整个地区的整体形象。

"福"文化标识生成的具体实践中，首先应积极推进公共文化的立法进程。宜依据《公共文化服务保障法》制定适用于本地区"福"文化建设的法律法规，为"福"文化服务体系的建设提供制度保障。"福"文化标识的建设需要有相关管理办法的约束和指导，从法律层面制定原则，推动和指导"福"文化标识标准化的建设。文化标识是文化资源的营销传播载体，政府部门作为"福"文化标识主要的创造者和维护者，在整个运营维护过程中承担主要责任，应该依法建立统筹协调机制，明确责任，以便于开展工作。基于此，福建省相关部门及机构在制定和实施发展规划时，应将"福"文化标识的体系化建设工作纳入总体战略当中，将"福"文化标识体系建设写入实施细则。

其次，建立信息反馈平台与机制。在"福"文化标识建设周期，积极引入公众参与监督。"福"文化服务机构一方面可以在公共服务平台建立专门的信息交流渠道，普及"福"文化及标识的相关知识、及时传达建设动态，比如可以在官网上开辟宣传专栏，由专人负责信息更新、日常维护、答疑解惑等；另一方面，应建立及时有效的信息反馈机制，通过开放的公共平台、专门论坛，微信公众号、企业号、短视频号定时推送和征集群众意见，或者采用灵活的平台直播的形式，调动大家的积极性，使公众之间、公众与公共文化服务人员之间在线上进行及时交流、反馈，不断汲取民众诉求，以便及时跟进和修改标识设计实施过程中存在的不足。①

最后，推广多语标识。在全球化的发展进程中，公共场所的多语标识成为衡量城市现代化、国际化程度以及综合素质的重要指标。基于历史原因，祖籍福建省的海外华侨华人众多，"福"文化的传播也应面向海外华人华侨，故要全方位营造国际化语言环境，建设符合国际通行要求的城市多语标识，特别是英语标识。多语标识存在语言及行业应用的差异，在公共文化多语标识的建设过程中容易出现不系统、不规范、不统一的问题，故在实际建设中，政府应出面制定相关法律进行统一规范、统一命名，并协调相关部门，统筹规划，携手并进。

第三节 优化"福"文化发展的制度安排和机制

"中国特色社会主义文化，源自于中华民族五千多年文明历史所孕育的中华优秀传统文化，熔铸于党领导人民在革命、建设、改革中创造的革命文化和社会主义先进文化，植根于中国特色社会主义伟大实践。发展中国特色社会主义文化，就是以马克思主义为指导，坚守中华文化立场，立足当代中国现实，结合当今时代条件，发展面向现代化、面向世界、面向未来的，民族的科学的大众的社会主义文化，推动社会主义精神文明和物质文明协调发展。要坚持为人民服务、为社会主义服务，坚持百花齐放、百家争鸣，坚持创造性转化、创新性发展，不断铸就中华文化新辉煌。"② 习近平总书记的谆谆教导为"福"文化的发展与建设指明了方向。为了

---

① 刘杰：《公共文化标识的功能研究——以杭州市为例》，《情报资料工作》2018年第3期，第23页。

② 习近平：《坚定文化自信，推动社会主义文化繁荣兴盛》，习近平系列重要讲话数据库：http://jhsjk.people.cn/article/29635034，访问日期：2022年8月10日。

"福"文化的健康发展,必须在马克思主义的指导下,在中华文化立场上,做好制度安排,优化"福"文化发展政策与机制。

一、优化"福"文化发展政策

海峡两岸拥有丰富的"福"文化资源,但当前的开发力度有待提升。"福"文化建设中,政策的制定、完善与实施需要包括政府、市场以及民众等各方积极参与。政府作为最主要参与者与引领者,必须做好本职工作,为"福"文化发展提供政策支持,方向引导,并制定规范标准,加强市场开放力度,提高各参与方的积极性,从而实现"福"文化发展的良性互动。

1. 完善财税、供地方面的扶持政策。"福"文化产业的发展刚刚起步,产业规模相对弱小,需要政府在财政、税收、供地等方面的政策扶持。结合当前"福"文化产业的发展状况,可采取以下措施:第一,扩大财政支出规模,逐步增加对"福"文化的财政投入,甚至可以考虑逐步实现按财政收入的一定比例列入预算,以保障"福"文化资金的长期稳定供给;对"福"文化相关企业实行项目补贴等扶持方式。支持"福"文化产业公共服务平台建设,"福"文化产业项目和"福"文化产业基地建设等。第二,完善税收优惠措施。"福"文化企业限期内可考虑免征或减征营业税和企业所得税;对"福"文化投资实行抵免办法;对"福"文化企业跨地区、跨行业经营和重组形成骨干文化企业和用高新技术改造"福"文化产业及投资新兴文化业态产业的,可以免增值税;对引进或培育骨干企业和文化产业的战略投资者,可减免一定比例的个人所得税,或实行股权制等激励措施;对各类文化场馆的捐赠,建议按公益性捐赠在税前扣除。第三,完善土地供给及项目审批政策。在法律法规许可范围内,结合具体情况,对"福"文化建设项目开通审批"绿色通道",简化审批手续,提高审批效率;优先考虑"福"文化相关产业用地;"福"文化项目土地出让价款可分期缴纳;对于项目宗地内的供电、供热、供气、给水、排水、消防、景观、绿化、道路、广场、停车场、公厕等配套基础设施，可给予建设单位建设补贴。

2. 深化支持"福"文化发展的金融政策引导。根据文化产业特征，可探索建立特殊货币信贷政策。例如，财政部门可设立"福文化产业投资基金"，以发挥财政资金的引导作用，吸引企业、金融机构等社会资金的投入，搭建文化产业投融资平台；对于享受项目补贴、政府采购、税收减免、定向资助的参与公共文化服务的各类文化企业，可考虑予以贷款贴息；鼓励企业、个人、境外资金以独资、合资、合营等多种形式兴办"福"文化企业，并享受优惠待遇；鼓励社会多方资本积极参与到文化建设中来，实现投资的多元化，鼓励文化企业上市或发行债券，增强经济实力；鼓励金融机构给予"福"文化企业更宽松的信贷支持，给予一定的贷款利息优惠；积极扩充文化企业贷款渠道，鼓励金融机构增加贷款融资的方式，为文化企业提供更有力的保障；等等。

3. 完善社会文化政策。第一，加快培养、引进"福"文化产业人才。发展"福"文化，人才资源是关键。培养人才，就是选拔一批有潜力的文化产业领域的从业者，通过岗位培训、考察交流、技能竞赛、脱产学习、学术讲座、导师指导、实践锻炼等多种方式提高业务技能。引进人才，就需要政府出面通过跨地区机构联合、信息交流、项目合作、资源共享等途径，以优越的福利待遇吸引各类人才积极参与"福"文化产业建设。第二，充分利用高校资源。政府可以与省内相关高校合作，在条件合适的高校成立"'福'文化产业学院"，开设文化事业管理、文化市场经营管理等相关专业课程，通过专科、本科、研究生教育等，多层次培养"福"文化产业的中、高层级人才；依托有条件的职业技术院校培养技能型、实用型、操作型人才，为"福"文化产业的可持续发展积蓄人才资源。鼓励"福"文化产业单位、企业与高校联合办学，在高校中培养"福"文化高级专门人才，重点培养一批熟悉"福"文化产业经营管理业务并掌握国际规则的人才，以及经纪人、主持人、会展策

划等专门人才。第三，按照一体化、分学段、有序推进的思路，把"福"文化渗透到启蒙教育、基础教育、高等教育等各个教育阶段。马克思主义十分注重教育在改造社会环境，丰富人的精神世界中的作用。马克思在《关于现代社会中的普及教育的发言记录》中指出："一方面，为了建立正确的教育制度，需要改变社会条件，另一方面，为了改变社会条件，又需要相应的教育制度。"[1]在"福"文化传承发展中，厘清"福"文化的历史渊源、发展脉络、价值理念和鲜明特色是一项基础性工作，做好这一工作，教育的作用不可或缺。要编写高水平的"福"文化少儿读物，加大出版青少年文化读物的力度，在学校课程设置中增加"福"文化的比重，构建起相互衔接、配套的"福"文化课程和教材体系，使"福"文化相关学科体系建设逐步成型。第四，做好文化中介组织的服务工作，发挥好沟通企业与政府的桥梁纽带作用。在全面掌握行业动态的基础上，及时为政府加强宏观管理和调整产业政策提供决策依据和建议；根据政府的委托和授权，进行行业管理；对企业的经营管理进行诊断和指导，组织信息和经验交流会，开展各种技术经济咨询服务；开展培训教育，举办各种技术、经济、管理和外语培训班；开展国际交流与合作，举办展览会、技术交流研讨会等活动。即沟通政府与企业之间的联系，密切同行业之间的交往，协调企业之间的关系，推动横向经济联合。[2]

4. 健全"福"文化产业法律法规体系。"福"文化的健康发展离不开法律法规的保驾护航。从全球各文化强国与我国文化产业发达地区的实践情形来看，文化产业发展的重要条件就是系统完备的法律法规体系，这同样是"福"文化健康发展的必然要求。第一，

---

[1] [德]马克思、[德]恩格斯：《马克思恩格斯全集》第16卷，中共中央马克思恩格斯列宁斯大林著作编译局译，人民出版社，1964年，第654页。

[2] 曲博：《促进文化产业发展的公共政策研究》，哈尔滨商业大学硕士学位论文，2013年，第33页。

提高民众对"福"文化产业法治建设的重视度，法治意识随着法治的发展完善逐渐由政府以行政手段主导向以法律法规间接管理转变。政府要为"福"文化产业的发展提供法律法规保障，严格执法，提供文化发展所需的各种公共产品。法律法规体系越完善、越严密，对文化产业的发展越有利，文化产业发展的外部环境越健康。[①] 第二，健全"福"文化产业法律体系，为文化产业发展创造法治环境。相关部门应长期、定期对"福"文化产业市场进行法律调研，形成具有地方特色的"福"文化产业法律体系，为"福"文化事业、文化产业的健康发展提供完备的法律保障，切实做到"有法可依"。第三，执法部门应加强执法力度，把有法必依、违法必究落到实处，真切发挥法律法规对"福"文化发展的保驾护航作用，推动"福"文化持续发展。严格规范市场秩序，维护竞争的公平性，反对各种不正当竞争手段，重视对知识产权的保护，严禁侵权行为，形成统一、开放、竞争、有序的"福"文化建设、发展环境。

二、优化"福"文化发展机制

"福"文化的建设发展是通过正确的价值观念和科学的文化发展机制相互协作来实现的，科学、合理、适宜的文化发展机制不仅是全面发展"福"文化的需要，也是社会进步的重要保障。没有良好的文化发展机制，作为人们美好愿望的"福"文化就会停滞不前，难以发展，故而良好的"福"文化发展机制亟须完善、规范运转。

1. 应构建"福"文化研究、宣传机制。恩格斯曾深刻地指出："只有清晰的理论分析才能在错综复杂的事实中指明正确的道路。"[②] 习近平总书记2016年在哲学社会科学工作座谈会上指出，

---

① 《促进文化产业发展的公共政策研究》，第34页。
② 中共中央马克思恩格斯列宁斯大林著作编译局译：《马克思恩格斯全集》第37卷，人民出版社，1971年，第283页。

哲学社会科学是推动历史发展和文明进步的重要力量,"面对世界范围内各种思想文化交流交融交锋的新形势,如何加快建设社会主义文化强国、增强文化软实力、提高我国在国际上的话语权,迫切需要哲学社会科学更好发挥作用"[①]。"福"文化历史悠久,文化资源丰富多样。对这些"福"文化资源进行系统、全面的分析和研究是对其传承发展的前提。构建"福"文化研究机制的关键在于阐发"福"文化的时代价值与现实意义,一定要阐明传承发展"福"文化与社会主义现代化建设、两岸融合发展、社会主义精神文明建设之间的重要关系,着力构建具有历史底蕴、福建特色的思想体系、学术体系和话语体系。

宣传是一种特殊的社会现象,在信息化时代,构建"福"文化宣传机制更为重要。面对宣传工作新形势,习近平总书记强调,中华文化是我们提高国家文化软实力最深厚的源泉,要"把跨越时空、超越国度、富有永恒魅力、具有当代价值的文化精神弘扬起来,把继承优秀传统文化又弘扬时代精神、立足本国又面向世界的当代中国文化创新成果传播出去"。[②] 为此,一要深入挖掘音乐厅、艺术馆、美术馆、图书馆、文化广场、文化馆、博物馆等各类公共文化机构的价值,综合运用互联网、短视频、移动终端、影视、直播平台等载体,搭建传统媒介与新媒体相互融合的宣传平台,统筹宣传、文化和文物等管理部门,形成弘扬"福"文化魅力的联动机制;二要保护乡土"福"文化资源,培育乡村"福"文化骨干,构建良性循环的乡村"福"文化生态机制;三是要定期举办以感知"福"文化为主题的青少年夏令营、冬令营等活动,鼓励港澳台艺术家参与文化年(节)、欢乐春节等品牌活动,从而强化港澳台同

[①] 习近平:《在哲学社会科学工作座谈会上的讲话》,人民出版社,2016年,第7页。

[②] 中共中央文献研究室编:《习近平关于全面深化改革论述摘编》,中央文献出版社,2014年,第87页。

胞对"福"文化乃至中华文化的认同机制。

2. 应构建"福"文化资源保护传承机制。发展"福"文化的前提是要做好对"福"文化资源的保护，构建文化资源保护传承机制，积极开展"福"文化资源普查、整理、抢救及传承工作。第一，应编制翔实具体的"福"文化保护规划，成立"福"文化遗产普查小组，尽快制订《福建省"福"文化资源保护规划》。按照"政府主导，社会参与，长远规划，分步实施，明确责任，形成合力"的原则，坚持地方立法与国家立法相结合，立法保护与政策保障相结合，政府保护与民间保护相结合，财政投入与社会资金相结合，促进中华优秀传统"福"文化的传承和保护。第二，做好普查、摸底、整理、筛选工作。对"福"文化非物质文化遗产和物质文化遗产，如民间音乐、舞蹈、礼仪、信俗、节日、工艺和民间建筑、文物史迹等进行一次全面细致的普查，并将普查结果以文字、图片、声音、影像等形式记录保存，如出版民俗志、民间故事传说集、歌谣、谚语等，及创作短视频、发起网络直播等，建立数据库，形成资料档案。对一些有广泛群众基础的，适宜民间生存的民俗文化、信俗文化，保留其原貌，为其创造原生态的发展空间；对优秀民俗艺术进行深度挖掘、整理与改良，并以多媒体、影视、动漫、直播等现代科技手段来展现，使之在保持历史底蕴、地方特色的同时，融入创新元素与时代特征；对于具有物质文化形态的"福"文化遗产，要在保护的前提下进行开发，坚持保护、整治与利用相结合，从而让"福"文化遗产活起来。第三，要坚持保护与培养相结合，加强传承队伍建设。以表彰奖励、资助扶持、授予称号等方式，对"福"文化相关的传承人、民间艺人实行重点帮扶，防止人才断层与流失；同时，要加强青年人才培养，为民俗文化的传承持续培养新生力量。

3. 构建促使"福"文化融入生产生活和文艺创作的机制。马克思、恩格斯在《共产党宣言》中指出："人们的观念、观点和概念，一句话，人们的意识，随着人们的生活条件、人们的社会关系、人们的社会存在的改变而改变。"① 也就是说,只有从人们现实的生产生活出发,才能解释包括人的精神生活在内的社会生活中的一切现象。构建"福"文化融入生产生活的机制,要着重处理好需求和供给、形式和内容之间的关系。一是要将"福"文化元素纳入新型城镇化建设及新农村建设。精选一批具有"福"文化特色的经典元素和标志性符号,与城乡建设相结合,在延续建筑文脉的同时传承发展"福"文化。二是要引导企业经营者自觉弘扬"福"文化。积极推动"福"文化特色浓、品牌信誉高、市场竞争力强的"福"文化企业做大做强。三是要创建使"福"文化嵌入民众日常生活的机制。通过对衣食住行、年节礼俗、民间信俗、传说故事等方面的"活态利用",推动人们的日常生活与"福"文化深度融合,在民众日常生活中形成全方位渗透、多层面同构的"福"文化生成机制。文艺创作在传承发展中华优秀传统文化过程中发挥着不可替代的作用。习近平总书记在 2014 年文艺工作座谈会上指出,中华优秀传统文化中具有很多永不褪色的思想理念和道德规范,广大文艺工作者"要结合新的时代条件传承和弘扬中华优秀传统文化,传承和弘扬中华美学精神"②。构建"福"文化融入文艺创作,一是要形成鼓励机制,促使广大文艺工作者结合当代中国文化建设实际,从"福"文化中获取灵感、提炼素材,积极创作出符合时代特点,具有深厚文化底蕴的文艺作品;二是要建立健全具有福建特色的文艺研究、评论机制,弘扬"福"文化精神。

4. 应搭建政府、银行、企业三方的"福"文化产业合作机制。要重点建立具体"福"文化项目上政府、银行、企业合作的信息交流平台和议事协调机制,共同推进"福"文化的资源优势向现实经

---

① 中共中央马克思恩格斯列宁斯大林著作编译局编:《马克思恩格斯文集》第 2 卷,人民出版社,2009 年,第 50—51 页。

② 中共中央宣传部编:《习近平总书记在文艺工作座谈会上的重要讲话学习读本》,学习出版社,2015 年,第 29 页。

济优势转化。一要根据实际情况，探索建立"福"文化产业重点项目库，构筑文化产业与文化金融的分析监测体系。二要与时俱进，联合打造"福"文化金融网上信息平台，汇集与"福"文化产业相关的政策信息、银行服务信息、中介机构服务信息等，扩大政府、银行、企业三者间的"福"文化产业信息交流范围，方便银行及时了解相关金融政策，帮助"福"文化企业及时获取金融服务资讯。三要加强培训，促进银行、企业间的有效对接。联合政府相关部门面向相关文化企业组织专题培训，介绍相关金融产品、优惠举措以及办理融资过程中的具体流程和应注意的问题，便于企业融资。四要组织相应的"福"文化金融活动。举办文化企业项目推介会，进行项目对接洽谈，举办集中授信签约仪式，以发挥政策集聚效应与典型示范效应。

结语

文化是一个国家、一个民族的灵魂。实现中华民族伟大复兴，既需要强大的物质力量，也需要强大的精神力量。中华民族在长期的历史进程中创造辉煌的中华文化，成为中华民族生存和发展的重要力量。作为中华文化中的一道亮丽彩虹——"福"文化，反映中华民族对美好吉祥、幸福生活的追求，体现与福意文理内涵相关的价值观、生活观念、民风习俗，深度地融入民众的生产生活之中，成为千百年来民族团结、民族进取、民族发展的精神纽带。

福建，是全国唯一以"福"字入名的省份。福州，是全国唯一以"福"字入名的省会城市。福建还有福清、福安、福鼎等以"福"字入名之域，此外，福建各地民俗、建筑、服饰、饮食中的尚福元素丰富。福建可谓是有福之地，彰显中华"福"文化，堪称中华"福"文化荟萃集成之地。

为做强、做大和做优福建的文旅经济以助力文化强省建设，更为全方位推进高质量发展、奋力谱写全面建设社会主义现代化国家福建篇章提供强有力的文化支撑，2022年2月，中共福建省委宣传思想工作领导小组办公室印发《关于推动"福"文化资源转化利用 打响福建"福"文化品牌的实施方案》，明确提出了推动"福"文化发展的目标及任务。

推动"福"文化发展中的一项重要任务在于，从理论深度和学理厚度上强化对"福"文化的研究，打造富有原创性的"福"文化精品力作。基于此，我们撰写了《"福"文化概论》一书。本书从理论维度、历史的视角、现实的指向诠释了"福"文化的基本内涵、阐述了"福"文化所蕴含的主要内容、释析了"福"文化的多重样态、论述了"福"文化的主要特征、给出了发展"福"文化的主要思路，彰显了对"福"文化研究的理论深度和学理厚度。"福"文化与中华传统福文化、福建文化及闽台民俗文化，既有区别又有关联。"福"文化与新时代相契合，其植根于中华传统福文化之中，凸显福意文理内涵、凝结革命文化、彰显福建地方特色、反映社会主义现代化强国建设福建篇章，是具有社会主义文化性质的精神力量和文明成果。

在撰著本书的过程中，我们参阅了前人的相关研究成果，所受启发甚大，难以言说。在借鉴相关研究成果时，我们尽量以注释和参考文献的形式予以注明，在此仅向有关专家表示诚挚的谢意！

在学界，对于"福"文化的研究还处于起步阶段，故而，本书难以尽其全部，旨在抛砖引玉。同时，本书难免有错漏之处，敬请广大读者批评指正。

主要参考文献

一、图书、专著类

1. 〔美〕爱德华·萨丕尔：《语言论——言语研究导论》，陆卓远译．商务印书馆，2009年。

2. 王力，等：《古汉语常用字字典》：第4版，商务印书馆，2005年。

3. 〔清〕张玉书，等编：《康熙字典》，上海书店出版社，1985年。

4. 殷伟、殷斐然编著：《中国福文化》，云南人民出版社，2005年。

5. 〔明〕洪应明：《菜根谭》，东篱子解译，中央编译出版社，2010年。

6. 〔战国〕庄子：《庄子》，孙通海译，中华书局，2014年。

7. 〔东汉〕许慎：《说文解字》，蔡梦麒校译，岳麓书社，2021年。

8. 习近平：《习近平谈治国理政》：第一卷，外文出版社，2018年。

9. 中共中央党史和文献研究院、中央"不忘初心、牢记使命"主题教育领导小组办公室联合编辑：《习近平关于"不忘初心、牢记使命"论述摘编》，中央文献出版社、党建读物出版社，2019年。

10. 本书编写组编：《马克思主义基本原理》，高等教育出版社，2021年。

11. 习近平：《决胜全面建成小康社会 夺取新时代中国特色社会主义伟大胜利——在中国共产党第十九次全国代表大会上的报告》，人民出版社，2017年。

12. 习近平：《习近平谈治国理政》：第四卷，外文出版社，2022年。

13. 中共中央马克思恩格斯列宁斯大林著作编译局编：《马克思恩格斯选集》：第一卷，人民出版社，2012年。

14. 习近平：《习近平谈治国理政》：第三卷，外文出版社，2020年。

15. 福建省地方志编纂委员会编：《福建省志·民俗志》，方志出版社，1997年。

16. 殷伟：《福：中国传统的福文化》，福建人民出版社，2014年。

17. 方宝璋：《闽台民间习俗》，福建人民出版社，2003年。

18. 李江：《中国传统福文化研究》，中国轻工业出版社，2019年。

19. 中共中央宣传部、中共中央文献研究室：《论文化建设——重要论述摘编》，学习出版社、中央文献出版社，2012年。

20. 中共中央文献研究室编：《习近平关于社会主义文化建设论述摘编》，中央文献出版社，2017年。

21. 高长武：《习近平文化建设思想的核心要义》，《2017年度文献研究个人课题成果集》，中央文献出版社，2018年。

22. ［美］理查德·佛罗里达：《创意阶层的崛起》，司徒爱勤译，中信出版社，2010年。

23. ［德］马克思、［德］恩格斯：《马克思恩格斯全集》：第16

卷，中共中央马克思恩格斯列宁斯大林著作编译局译，人民出版社，1964年。

24. 习近平：《在哲学社会科学工作座谈会上的讲话》，人民出版社，2016年。

25. 中共中央文献研究室编：《习近平关于全面深化改革论述摘编》，中央文献出版社，2014年。

26. 中共中央马克思恩格斯列宁斯大林著作编译局编：《马克思恩格斯文集》：第2卷，人民出版社，2009年。

27. 中共中央宣传部编：《习近平总书记在文艺工作座谈会上的重要讲话学习读本》，学习出版社，2015年。

二、报纸、期刊类

1.《中共中央关于党的百年奋斗重大成就和历史经验的决议》，《人民日报》2021年11月17日第1版。

2. 韩业庭、李苑：《把最好精神食粮献给人民》，《光明日报》2015年3月10日01版。

3. 高长武：《中华优秀传统文化的价值定位》，《光明日报》2016年9月5日第16版。

4. 习近平：《习近平在文艺工作座谈会上的讲话》，《人民日报》2014年10月15日第2版。

5. 周松峰：《新时代文化产业发展的社会效益原则及其实践路径》，《陕西社会主义学院学报》2021年第1期。

6. 习近平：《举旗帜聚民心育新人兴文化展形象　更好完成新形势下宣传思想工作使命任务》，《人民日报》2018年8月23日第1版。

7. 习近平：《习近平在教育文化卫生体育领域专家代表座谈会上的讲话》，《人民日报》2020年9月23日第2版。

8. 祖群英：《当前闽台文化交流的机制创新研究》，《中共福建省委党校学报》2008年第4期。

9. 习近平：《当好全国改革开放排头兵 不断提高城市核心竞争力》，《人民日报》2014年5月25日第1版。

10. 郭斌：《打响"福"文化品牌 推动文旅经济发展》，《福建日报》2022年1月15日第2版。

11. 谢婷：《福建"福"文化创意设计大赛在榕启动》，《福建日报》2021年12月16日第4版。

12. 王林生：《"十四五"时期文化新业态发展的战略语境、历史机遇与行动路线》，《行政管理改革》2021年第8期。

13. 袁千里、王婷：《新时代中国优秀传统文化的创造性转化和创新性发展》，《中共石家庄市委党校学报》2020年第2期。

14. 陈晓亮、蔡晓梅、朱竑：《基于"地方场域"视角的中国旅游研究反思》，《地理研究》2019年第11期。

15. 高玉敏、马亚敏：《"文化+"：推动传统文化资源实现创造性转化、创新性发展》，《四川戏剧》2020年第10期。

16. 柯平、宫平、魏艳霞：《我国基本公共文化服务研究评述》，《国家图书馆学刊》2015年第2期。

17. 唐亚林、朱春：《当代中国公共文化服务均等化的发展之道》，《学术界》2012年第5期。

18. 刘杰：《公共文化标识的功能研究——以杭州市为例》，《情报资料工作》2018年第3期。

三、论文类

1. 李晓亮：《我国文化产业社会效益实证研究》，黑龙江大学硕士学位论文，2017年。

2. 谭动良：《安徽乡村文化载体建设研究》，安徽农业大学硕士学位论文，2015年。

3. 曲博：《促进文化产业发展的公共政策研究》，哈尔滨商业大学硕士学位论文，2013年。

四、电子资源类

1. 习近平：《在纪念孔子诞辰2565周年国际学术研讨会上的讲话》，新华网，http://www.xinhuanet.com//politics/2014-09/24/c_1112612018_2.htm。

2. 习近平：《在庆祝中国共产党成立95周年大会上的讲话》，习近平系列重要讲话数据库，http://jhsjk.people.cn/article/32079803。

3. 习近平：《坚定文化自信，建设社会主义文化强国》，习近平系列重要讲话数据库，http://jhsjk.people.cn/article/31154163。

4. 习近平：《习近平谈历史文化遗产保护》，光明网，https://m.gmw.cn/baijia/2022-03/23/35605637.html。

5.《携手建设两岸命运共同体新愿景——习近平总书记会见朱立伦谈了什么？》，习近平系列重要讲话数据库，http://jhsjk.people.cn/article/26949221。

6.《中华人民共和国文化和旅游部2019年文化和旅游发展统计公报》，http://www.gov.cn/xinwen/2020-06/22/content_5520984.htm。

7. 游孙权：《弘扬"福"文化 呼唤闽式生活出圈》，学习强国，https://www.xuexi.cn/lgpage/detail/index.html?id=37690382174 20727163&item_id=3769038217420727163。

8. 习近平：《坚定文化自信，推动社会主义文化繁荣兴盛》，习近平系列重要讲话数据库，http://jhsjk.people.cn/article/29635034。